AF403608

DISSERTATION

SUR

L'ART TYPOGRAPHIQUE

CONTENANT:

UN APPERÇU HISTORIQUE DE SES PROGRÈS
DURANT LE XV ET LE XVI SIÈCLE

ET

DES RECHERCHES SUR L'INFLUENCE DE
CET ART SUR LES LUMIÈRES DE L'ES-
PÈCE HUMAINE.

PAR

G. H. M. DELPRAT,

Pasteur de l'Eglise Wallonne à Leeuwarden.

Mémoire, qui a remporté le prix dans le concours
proposé en 1816 par la Société Provinciale
des Arts et des Sciences à Utrecht.

Les livres gouvernent le monde.

BARBEYRAC.

à UTRECHT,
CHEZ J. ALTHEER.
1820.

,, Die Buchdruckerkunst ist die wichtigſte aller
neuen Erfindungen; deren unermeszlichen Folgen,
nach ihrem ganzen Umfange, darzuſtellen auch
das göttlichſte Genie verzweifeln muszte.''

(EICHORN, *Geſchichte der Kultur und
Litteratur des neuern Europas vom
XV Jahrhundert bis zur Wieder-
herſtellung der Wiſſenſchaften, T. I,
Vorr. p. 40.*)

MÉMOIRE,

CONTENANT:

*Un apperçu hiftorique des progrès de l'art
typographique dans le XV et le XVI fiècle; et
une réponfe à la Question: Quelle influence
cet art a t-il eu et-peut-il encore avoir fur
les lumières de l'espèce humaine.*

De tous les titres fur lesquels on fonde la fu-
périorité de l'homme, il n'en est point d'ausfi évi-
dent que le perfectionnement, dont fon espèce est
fusceptible. Ses privilèges *phyfiques* pourraient lui
être contestés. Ils n'offrent du-moins pas une nuance asfez forte pour l'élever au desfus des autres individus qui peuplent notre globe. Comme être
matériel il est à-peu-près leur égal et conftituerait
à peine une clasfe féparée.

Quant aux facultés *morales* qui le distinguent de
l'animal, plufieurs encore restent fusceptibles de
discusfion. Une feule ne l'est pas; nulle part on
ne faurait contester à l'homme comme une grande
faculté distinctive, le privilège de pouvoir trans-
mettre aux générations fuivantes l'expérience de fes
dévanciers Appellé à étendre et à cultiver in-
dividuellement fa raifon, il est doué en outre de

A 2

l'heul'heureux don d'influer fur fes pareils. Le fruit de fes recherches ne périt pas avec lui. Il en forme un héritage: il le lègue à la postérité. L'état de la brute est ftationnaire; notre civilifation est progresfive; elle nous fait être meilleurs ou mieux inftruits que nous et notre espèce ne l'étions à des époques antérieures.

Il en réfulte pour l'obfervateur philofophe l'obligation de fe demander: quel moyens coopérent le plus efficacément à cette prérogative? Chaque procédé qui facilitera l'action réciproque des esprits acquiert pour lui de l'importance; il en étudiera les effets, il cherchera à les étendre, fûr de procurer par-là une nouvelle extenfion à nos titres de noblesfe.

Conféquemment le génie qui le premier transportant le fens de l'ouie à celui de la vue, inventa

> *,, Cet art ingénieux de peindre la parole*
> *,, et de parler aux yeux."*

L'inventeur de l'écriture peut s'honorer d'avoir agi dans l'intérêt d'une des plus indispenfables prérogatives de l'homme. Le Peuple, auquel cet art fut révélé, s'arracha par-là même du fommeil léthargique où l'ignorance le tenait asfervi.

,, Si nous voyons encore aujourd'hni dans plu-
,, fieurs parties de l'un et de l'autre continent des
,, peuples sauvages dégrader l'humanité par leur
,, grosfièreté, leur ignorance et leur barbarie,
,, c'est qu'étant privés de l'écriture ils le font
,, d'u

,, d'une multitude de connaisfances, qui en dépen-
,, dent nécesfairement (1)." Au moyen de cette in•
vention la fin phyfique cesfa de terminer la fphère
d'action de l'individu: on confulta les morts, et
leur commerce devint fouvent plus utile qu'il ne
l'avait été durant leur vie.

Les efforts du génie fe perpetuèrent; ils parurent
acquérir fur la terre une ombre d'immortalité: Les
étincelles, qui jaillirent de leurs obfervations, réunies aux découvertes de leurs fuccesfeurs formèrent
un foyer de lumière, d'où les fciences empruntè•
rent un éclat, qu'elles n'auraient jamais obtenu par
des efforts individuels.

A juste titre aime•t-on dès-lors à jetter un regard
fur le développement plus récent apporté à l'art de
l'écriture par l'invention de l'imprimerie. Puisque
cette invention fe rattache à un des premiers mobiles de la civilifation, fes réfultats ont dû être
importans.

Comme complément de la calligraphie elle aura
ausfi commencé une *époque nouvelle* dans l'histoire
de la culture humaine.

Sans préjuger fur les développemens que la fuite
de ce Mémoire devra fournir, il nous fera déjà permis d'en déduire l'importance de la question, fur
laquelle on vient d'ouvrir un concours. Cet appel

est

(1) G o g u e t, *Origine des arts et des fciences et leurs
progrès chez les anciens peuples* (la Haye 1758) T. I.
P. 394

A 3

est comme une fuite aux discusfions entreprifes récemment avec fuccès, fur l'influence des grands
événemens religieux ou politiques qui féparent le
moyen-âge d'avec les fiècles modernes. Il est furprenant qu'on n'ait pas encore foumis à un examen à
la fois philofophique et historique l'influence d'un
art, qui a caufé une révolution plus bienfaifante
que toute autre, puisqu'elle n'a été amenée par
aucune fecousfe violente On s'est borné ordinairement à des généralités ; on n'a point recherché
nominativement les fciences, dont la typographie
a été le berceau, dont elle s'est portée enfuite la
nourricière, et qui fans elle eusfent péri ou langui
faute de foins (2).

Nous

(2) Je ne connais parmi ceux qui ont traité autrefois
de l'influence de l'imprimerie fur les lumières, que les
écrits réunis par J. C. Wolf, *Monumenta Typogra-
phica, quae artis hujus praeftantisfimae originem, lau-
dem et abufum posteris produnt, inftaurata opere,
ftudio et labore* J C. Wolf, *Hamburgi*, 2 voll. 8vo
1740. — Ce recueil contient 44 ouvrages entiers, relativement à l'invention de l'imprimerie et 300 pasfages
environ de différens auteurs fur le même fujet. Les
éloges qui y font donnés à cet art fe rapportent plutôt
aux mérites de certains imprimeurs célèbres, qu'aux
effets généraux de leur invention. Il s'y trouve des
fermons prononcés à l'occafion d'une fête féculaire fo-
lemnifée à l'honneur de la typographie : Comme l'invention des bombes avait eu lieu vers le même tems, ces
Orateurs fe plaifent à faire des rapprochemens bizar-
res entre l'effet des *mortiers* et celui des *presfes !*

Par-

Nous nous estimerions heureux, fi le petit nombre de données, que nous allons fournir, ob e-
nait le fuffrage de cette Compagnie. Placée près
d'un Athénée, illustre par fes collections littéraires, elle a fous les yeux l'immenfe détail qu'embras-
ferait une histoire complète de toutes les conféquences que l'introduction de la Typographie a
entrainées. —

Il n'appartiendrait qu'à des favans confommés
d'obferver fous tous les points de vue le flambeau

que

Parmi les auteurs plus récens on a: J. C. Frey h
von Aretin, *über die frühesten univerfal. historifchen
folgen der erfindung der Buchdruckerkunst.* — *Eine Abhandlung, vorgelefen in einer öffentliche fitzung der
Academie der Wisfenfchaften in München den* 28 *März*
1808. — J'ai profité de quelques unes de fes réflexions:
c'est un discours d'apparat où l'on défirerait plus de
méthode et de discusfion. — L i n g u e t: (*Journal politique
et littéraire.*) *Réflexions fur l'imprimerie et fur les maux
qui en réfultèrent pour les fciences.* L'Auteur y est res-
té fidèle à fa prédilection ordinaire pour les paradoxes.
Une traduction hollandaife fe trouve inférée dans le
Hedendaagfche Vaderlandfche Bibliotheek, T. 6. p 2
p. 462. — J. A. E r n e s t i, Disf. *Quibus litterarum
disciplinis et quâtenus Chalcographia profit?* inf. *Opusc.
Philologicis Criticis* Bat. 1776. p. 113. Il y a moins à
profiter ici que dans les autres ouvrages de ce grand
homme. M o r h o f cite un traité italien de N i c o l a u s
F r a n c u s, *Utile et danno delle ftampe.* (Il le nomme
,, elegantis ingenii homo, qui ob fatyras furcae fup-
plicio periit. " *Polyhistor Literarius* Ed. 3a. T. I. p.
733). Nous en ignorons le contenu.

A 4

que le XV fiècle vit nâitre. Cette fociété fera indulgente pour de fimples esfais, qui n'auront peut-être d'autre mérite que d'avoir fait pasfer à leur auteur quelques momens agréables, dans la contemplation de ces fciences, auxquelles il fouhaite vouer fa vie entière.

La question propofée embrasfe trois objets.

I°. Un apperçu historique de l'établisfement et des progrès de l'art typographique dans le XV et le XVI fiècle.

II°. L'influence que cet art a eue fur les lumières de l'espèce humaine.

III°. Celle, qu'il peut encore exercer dans la fuite.

PREMIÈRE PARTIE.

Apperçu historique de l'établisfement et des progrès de l'art typographique dans le XV et le XVI fiècle.

SECTION I.

Origine et progrès de l'art durant le XV fiècle.

CHAPITRE Ier.

Origine et établisfement dans les Pays-Bas.

Il en est de l'imprimerie comme de toutes les idées frappantes par leur utile fimplicité, on s'étonne de ne pas les avoir conçues plutôt. Ausfi y a-t-il eu des favans, qui en ont reculé l'origine fort au-delà du XV fiècle. J. M. de Luna décerne à Saturne l'honneur d'avoir apporté l'art de l'imprimerie en Italie. Les Talmudistes citent les Tables de la Loi comme le premier chef-d'oeuvre d'imprimerie. Favin et le Père Sanléque, renchérisfant fur ces doctes conjectures, défignent Adam comme le premier typographe de l'univers (1).

Nous

(1) Voyez P. Marchand, *Hift. de l'origine et des*

A 5

pre-

Nous ne citons de pareilles rêveries que comme des curiofités littéraires; cependant, nous ne pouvons nous empêcher de partager la furprife de plufieurs favans de ce que divers paffages des Anciens (2) n'aient pas fuggéré la poffibilité d'une multiplication prompte et rapide des caractères tracés par l'écriture. On connait le fameux paffage de Ciceron (3), où l'on rencontre une defcription à - peu - près complète de l'imprimerie, quoique ce célèbre orateur aura employé fa comparaifon fans y attacher beaucoup d'importance.

Les Chinois (4) ont devancé les Européens dans la

premiers progrès de l'imprimerie. La Haye 1740 4to T. I. p. 4. note C.

(2) *Agéfilas* fit à une occafion affez périlleufe les fonctions de typographe. Ayant écrit dans fa main le mot *victoire* il communiqua les traits de l'écriture aux entrailles des victimes augurales en les preffant de fa main. Plutarch. *Apopht: Laconiae : Traduct. d'Amyot,* p. 209.

(3) De *Natura Deor.* L. II. c. 37. *de Divin.* I. 13. Germ. Aug. Ellrod Profeffeur *à Bayreuth* et enfuite à *Erlangen* a publié une Differtation, *Num* M. T. Cicero, *inveniendae typographices occafionem dederit ?* 1741. fol. Voyez auffi les obfervations de *Toland* inférées dans Wolf, *Monum. typogr.* T. 2. p. 904.

(4) Mr. Morrifon dans la Préface de fon *Dictionnary of the Chinêfe language,* Macao 1815. 4to dit que le papier a été inventé en Chine vers la fin du 1er fiècle de notre ère, et l'imprimerie vers le tems de la dynastie Sung par le Ministre Fûug-táo, qui vécut vers le milieu du X fiècle de l'ère Chrétienne.

la découverte de l'imprimerie, mais ils ne leur en ont pas communiqué les bienfaits, comme le prétendent quelques auteurs (1). Ainsi les éditions européennes portant une date antérieure au XV siècle ou à l'existence des premiers imprimeurs connus, font évidemment fuppofées (2). — Elles nous arrêteront, aussi peu que la célèbre question fur la patrie de l'inventeur. Après tant de tentatives laborieuses pour le réfoudre, ce problême a reçu un développement tout nouveau par Mr. Koning dans le Mémoire couronné récemment à l'Académie de Harlem. La vraifemblance fe range maintenant du parti de ceux qui décernent à cette dernière ville la gloire d'avoir donné le jour à l'inventeur principal.

A peine quelques années (3) s'étaient écoulées depuis

(1) Koster auroit puifé chez eux l'idée de la typographie, Wolf, *Monum.* T. I. p. 284.

(2) Une liste des plus curieufes est rapportée par M. Daunou dans fon *Analyfe des opinions diverfes fur l'origine de l'imprimerie* lûe à la féance de *l'Inftitut de France* le 22 Avr. 1802. Tom. IV. des *Mém. de l'Inft,* et réimprimée dans Lambinet, *Origine de l'imprimerie,* T. I. p. 335. — Voyez aussi fur ces fingulières dates la *Biographie univerfelle publiée par une fociété de gens de lettres, Paris* 1811, T. XVIII. p. 566 et T. XXI. p. 535. et Dibdin, *in Catal.* Spencer. T. IV. p. 351.

(3) Bergellanus correcteur à *Mayence* en 1541, dit dans un *Poëma encomiafticum de Chalcographiæ e inventione,* qu'on fe livrait de fon tems à des disputes véhé-

puis l'établisſement de cet art qu'on ſe disputait déjà ſur le nom du premier typographe. On était dans
une incertitude complète; le ſerons nous beaucoup
moins, depuis que pluſieurs ſiècles ont effacé les
traces d'une foule de traditions ſur ce ſujet?
Mr. Koning a donné à ſon travail un grand
degré de probabilité, ſurtout, quand on le compa-
re avec la ſavante Notice de cet ouvrage rédigée par
un élégant historien des Pays-Bas (1) Son ſyſtè-
me nous ſervira de baſe dans notre apperçu de l'hiſtoire typographique du *XV ſiècle* Cette période exige

hémentes ſur le même ſujet. Beſoldus, autre auteur du XVI ſiècle, qui a réuni (en *un vol.*) 5 Disſert.
ſur le droit royal de Samuel, ſur l'invention de la
Typographie, ſur celle des bombes, ſur la converſion
des Juifs, et ſur l'empire des Anges, déclare (*ap.* Wolf,
l. c. T. I. p. 171) l'origine de l'invention de l'imprimerie ausſi incertaine que celle des bombes. On peut
y joindre le témoignage douteux d'Eraſme, Hollandais de naiſance, très verſé dans l'hiſtoire littéraire
de ſon tems, ami de ſon pays, lié avec les principaux
typographes du ſiècle, et vivant à une époque, où
il pouvait ſi bien juger de la vérité (1467-1536.) Voici
ſes termes. „ Huic urbi (Moguntinae) omnes bonarum
„ litterarum ſtudioſi non parum debent ob egregium il-
„ lud ac pene divinum inventum ſtanneis litteris excu-
„ dendi libros, quod illic natum affirmant." — Vid *An-
notat. ad* Hieronymi, *Epiſt.* ap. Meerman, *Orig.
Typogr.*, Tom. 2. p. 157.

(1) J. Scheltema, *Geſchied. en Letterkundige Meſ-
gelwerk*, 1817. T. 2d. p. 180-258.

ge un tableau féparé puisqu'il offre l'aurore de l'art et la divergence de fes premiers rayons. — Le *XV fiècle* fournira la fimple indication de fon perfection‑ nement progresfif, et les noms des principaux Co‑ ryphées d'une invention que D i d o t appelle à juste titre *la nuance entre l'artiste et le favant.*

L a u r e n t K o s t e r, né probablement vers 1370. Echevin de la ville de Harlem, Directeur de la fa‑ brique d'une des Eglifes, citoyen asfez distingué, mort felon toute apparence en 1439, n'est pas un perfonnage imaginaire, comme l'ont prétendu Lam‑ binet et d'autres. Son invention fut, de même que tant d'autres, le fruit du hafard, c. à. d. le réfultat d'un de ces incidens, en apparence fans aucun rap‑ port avec l'histoire générale du monde, mais dont on reconnait peu à peu l'intime liaifon avec les grands intérets de l'humanité. — Dans une promenade au parc de *Harlem* il tailla par défoeuvrement quelques caractéres en bois, l'idée d'en utilifer l'empreinte frappe foudain fon esprit, et fuivant la tradition, fon attachement pour les enfans de fa fille infpira fes premiers esfais; fa feule ambition était de les aider à apprendre à lire (1).

Il commença par donner à la Xylographie une di‑

---

(1) Cette tradition est préférable à celle qui fait nâitre l'invention de K o s t e r, d'un propos de table tenu chez un des Botrguemaîtres de *Harlem* et divul‑ gué par un des domestiques. W o l f, *Monum.* T. I. p. 178.

direction nouvelle. Jusqu'alors on n'avait vu que des tentatives asſez informes pour multiplier par la gravure en bois l'effigie des ſaints et les cartes à jouer. Koster les perfectionna, et *l'Apocalypſe de St. Jean*, *la Bible dite Pauperum*, le *Miroir du ſalut*, une *Grammaire ou Rudiment de* Donat &c, ſont d'après les obſervations les plus récentes des productions avérées de Koster, exécutées par la Xylographie. — Cependant il avait conçu le germe d'une application plus étendue du principe de l'impreſſion. Il forma des caractères ſéparés, et le motif, pour lequel il avait déjà cherché précédemment à employer les types de bois gravés dans le parc de *Harlem*, continua de le guider après que ſon invention perfectionnée davantage lui eut mérité le titre complet, de *premier Typographe*.

Un abécédaire pour la jeuneſe, cinq éditions du Donat, 4 édit: du *Miroir du ſalut* furent dans l'espace de 19 ans les premiers points de départ, après lesquels une foule d'artiſtes marchèrent dans la même carrière.

Une peste violente ravagea les Pays-Bas et nommément *Harlem* vers 1439. Ici les Régistres publics ceſſent de nommer Koster. On conjecture qu'il aura ſuccombé ſous ce fléau, et qu'alors ausſi arriva la célèbre perfidie, qui menaça d'enlever à *Harlem* l'honneur de la primauté typographique. Ginsfleisch dit Guttemberg, frère d'un gentilhomme de Mayence, un des ouvriers, s'évada, non avec les preſſes, (comme Lambinet l'inſinue pour dé-

décréditer la relation de Junius) mais avec le: caractères et les poinçons.

On a quelque raifon de croire, que les descendans de Koster renouvellèrent l'entreprife de leur père. Plufieurs des premiers imprimeurs dans d'autres villes (1) étaient originaires de *Harlem;* et il existe deux ouvrages imprimés, dont le travail, les lettres et les marques du papier ont beaucoup de resfemblance avec les ouvrages exécutés par la pres-fe de Koster.

Cependant, comme fes descendans étaient d'une fortune aifée (2); eu ils me paraisfent avoir de moins de motifs que d'autres à étendre une branche d'industrie, dont l'exercice n'était pas fans danger. La nouvelle méthode entrainant la ruine des copistes, les religieux qui en faifaient le métier fe hâtérent d'accufer les imprimeurs du crime de magie; et le prestige que ce terrible nom exerça autrefois n'était pas encore entièrement disfipé au fiécle dont nous parlons. La lente extenfion de l'art dans les Pays-Bas n'a donc rien de furprenant. D'ailleurs les premiers imprimés ont dû disparaître lors qu'après le perfectionnement apporté enfuite à la typographie on eut commencé à méprifer ces premiers esfais qui étaient d'une apparence informe et fans valeur pour les bibliothèques du tems.

Après

(1) J. Koning, *Disfertation fur l'imprimerie* (Amfterdam 1819) p. 8.

(2) J. Koning, *Disfert.* ibid p. 79.

Après *Harlem* Anvers ferait la première ville, en état de nous produire des imprimeurs. On cite un Matthias van der Goes (1), qui aurait imprimé en 1472 *het Boeck van Tondaliens viſioen*, où il raconte comment ſon ame fut priſe hors de ſon corps. Les curieux, qui posſèdent l'ouvrage, jugent la date ſubreptice (2).

Il faudra conféquemment asſigner le premier rang ſous ce rapport à la ville d'*Utrecht*. Deux imprimeurs Nicolas Ketelaer et Gerard de Leempt y étaient établis en 1473. Ils mirent au jour une hiſtoire ſcholastique, intitulée *Scholastica historia ſuper Nov. Test cum additamentis atque incidentiis* (fol.) par Pierre, ſurnommé *Comestor*, le *mangeur*, non parce qu'il mangeait beaucoup, mais par ce qu'il avait lu et comme dévoré beaucoup de livres.

Il exista ſelon toute apparence des presſes dans d'autres villes des Pays-Bas avant l'an 1473; leurs productions ſe ſont toutes perdues, mais après cette année une foule d'ateliers ſe préſentent, et acquirent plus ou moins de célébrité. Il ferait ausſi ſuperflu que tédieux de copier ſervilement des dates et des titres, ainſi nous nous bornerons à l'énumé

(1) Liste d'éditions Hollandaiſes redigée par Visſer à la ſuite de *l'Histoire de l'origine de l'imprimerie* par Jansſen, Paris, 1809.

(2) P. Lambinet, *Origine de l'imprimerie*, Paris 1810, T. 2. p. 251. Elle est de l'année 1482.

mération des artistes d'une réputation vraiment
remarquable. Gérard de Leeu, de *Gouda*, est
de ce nombre (1).

Il est peu de typographes, qui aient été aussi fé-
conds en éditions de livres Hollandais, Flamands,
Gaulois, et qui les aient autant enrichis de gravures. Le premier livre imprimé en Hollandais
ne saurait lui être contesté. On a, en 1477, *die
Epistelen en Evangelien van den gehelen jare*, et
en 1478, *die passionael gulde legende*, dont il publia quatre éditions en trois idiômes différens.

On ne se bornait pas à des ouvrages aussi peu
étendus. En 1477, les presses de *Delft* mirent au
jour la première édition complette de la Bible en
langue vulgaire. Le titre en est curieux ; il fait foi
de la piété des imprimeurs (2).

Parmi les ateliers les plus connus on distingue ceux
de Richard Paffraet ou Pàffroet, à *Deventer*,
1475 (3). Pierre van Os, de *Breda*, Johannes
de

(1) Lambinet, l. c. T. 2. p. 262,

(2) Voyez en le titre chez Marchand, *Histoire de
l'origine et des premiers progrès de l'imprimerie*. La
Haye 1740. T. I p. 69. Cette Bible est décrite avec
soin par le savant bibliothécaire Th. Fr. Dibdin dans
le *descriptive catalogue of the books printed in the fif-
teenth century in the library of Earl* Spencer, Lon-
don 1814, T. I. p. 68.

(3) On ne possède actuellement de lui aucune édition avant les *Moralisationes biblicae* Petri Bertho-
vii de 1477, que Panzer place par erreur à l'an 1475. *Annales Typogr.* T. I. p. 354. Il à corrigé cette faute ailleurs,

de Vollenhoven et autres, à *Zwol* 1479 (1). Hidde Camminga dans le village d'Anjum près de
Dokkum, en *Frife*, 1480 (2). Johannes An-
dreae, (1483), et Jacobus Bellaert, (1484),
à *Harlem* (3), Veldenaar, à *Culenburg*,
1483 (4) &c.

Il est donc faux qu'on ait très peu exercé l'art
dans les Pays-Bas. On le voit déjà établi de bonne heure dans les environs du domicile de Koster.
Quelques années plutôt, 1473, Th. Martens excel-
lait à *Alost*, Jean de Westphalie, à *Louvain*; le
Couvent des frères de la vie commune, à *Bruxelles*
et Collard Manfion, à *Bruges*. Depuis
1477 à 1500, fept à huit autres imprimeurs, tels
que le fameux de Leeu, de *Gouda*, ouvrirent leurs
ateliers à Anvers, et justifièrent par l'affiduité de
leurs efforts autant que par les fuccès de leurs travaux

(1) Panzer, l. c. T. 3. p. 566. No. 5.
(2) *Leges Frifiorum per* H. Camminga cité par
Jansfen, l. c. p. 380.
(3) Bartholomaeus *van den Proprieteiten der
dingen, en der Sondaren troost, of een geestelyk en ge-
inftrueert procès tusfchen* Belial *als Duyvel der Helle
ter eenre fyde* — *en* Moyfes *verweerder ter andere
fyde met figuren;* — ap. Spencer et Marchand,
l. c. p. 79. Quoique la date foit encore fautive et doit
être placée vers l'an 1484 ou 1485, Panzer, l. c.
T. I. p. No. 7.
(4) *Verfcheyde Bybelfche en andere hiflorien,* ap.
Spencer *in Catalog.*

vaux l'asfertion de Philippes de Commines, qui nomme les Pays-Bas une *terre de promisfion* à caufe de leurs richesfes et de leurs nombreux ateliers (1)

Nous n'aurions tracé qu'une nomenclature asfez fèche, fi nous n'ajoutions quelques confidérations fur les caufes de cette multiplication déjà très confidérable de presfes dans les Pays-Bas (2).

On fait à quel haut degré de prospérité nos Provinces étaient montées à l'époque du XV fiècle. Le commerce rendait les cités belgiques florisfantes et populeufes. Ce puisfant resfort y multipliait, outre le luxe, le befoin d'inftruction, et devenait l'active nourricière des arts et des fciences. Bruges, furtout Anvers, était le centre du commerce de *l'Europe*. Cette dernière ville posfédant l'entrepôt du négoce voyait affluer les étrangers dans fes murs. Le concours de divers idiômes obligeait les habitans de chercher de nouveaux moyens de communication : l'imprimerie en offrait plufieurs.

Ajoutons que le caractère et le tempérament des Belges les rendaient par leur vie fédentaire asfez propres à des études d'application. Les fciences qui en exigent, entre autres le genre d'études qu'on nomme érudition proprement dite, fruit d'une

re-

(1) *Mémoires de Mésfire* Philipes *de Commines*, Bruxelles 1723, T. I. p. 12.

(2) Pour de plus amples détails fur les presfes de la Belgique voyez Lambinet, l. c. T. 2.

recherche laborieufe dans différentes fources, eut toujours chez eux un bon nombre d'amateurs. Or, comme l'imprimerie favorife ce genre de favoir, il n'est pas furprenant, qu'elle aît dès fon origine éprouvé un accueil favorable de la part des lettrés de la Belgique.

D'ailleurs la foule d'inventions mécaniques, dont les Pays - Bas revendiquent l'honneur, annonce le penchant de leur génie pour de pareils travaux. La typographie préfentant outre cela une grande valeur mercantile, on devait s'attendre à de nombreux ateliers dans leurs villes. Ausfi fe chargèrent - ils promptement de la publication des ouvrages étrangers, et leur industrie fut mettre à contribution la curiofité littéraire de leurs voifins.

Je remarque encore que les Pays - Bas posfédaient plufieurs écoles célèbres qui entretenaient le goût de la lecture. On fentait la nécesfité d'en faciliter les moyens en exploitant les mines de l'antiquité. Les écoles d'humanité fleurisfaient à *Deventer*. La jeunesfe de l'Allemagne et de la Flandre y accourait et favorifait beaucoup le débit des productions publiées par l'imprimerie de R. Paffraed.

Enfin pour citer une dernière circonftance particulière aux Pays - Bas, l'inftitution des *Frères de la vie commune* donna un nouvel appui à cette branche d'industrie. Cet ordre qui exiftait déjà la depuis 1376 faifait de transfcription des manufcrits un des points principaux de leur inftitut. Leur fondateur Gerard Grote ou Groete avait fait

ve-

venir de divers monastères les plus anciens et les meilleurs manuscrits de la Bible et des Pères ; ils en vendaient les copies, et on en dépofait le produit dans
une bourfe commune (1).

Lambinet et d'autres avant lui ont fait l'éloge de leurs chef-d'oeuvres de calligraphie. Cet ordre comptait, en 1430, quarante cinq maifons et, en
1460, le triple de ce nombre. *L'Overysfel* et la
Gueldre étaient lenr fiège principal. Les fouverains
en demandaient fouvent des colonies dans leurs
états (2). Souhaitant prévenir l'entière exftinction
de fes revenus, cette congrégation fubftitua promptement des presfes à fes encriers. La Belgique abonda ainfi en livres. Les frères de la vie commune
dans la maifon de *Nazareth*, fituée avantageufement fur la rivière de Senne, à *Bruxelles*, acquirent
une grande confidération par leurs misfels et autres
ouvrages ascétiques. C'est de leur couvent que fortit le premier livre publié à *Bruxelles*, *Arnoldi de
Roterodami fpeculum confcientiárum*, 1476, (in
folio 800 de pages fur deux colonnes.)

(1) V. La *Biographie Univerfelle par une fociété de
gens de lettres*, au mot G r o o t, et les auteurs cités
par M. M. Y p e y et D e r m o u t dans leur *Gefchiedenis der Nederl. Kerk*, T. I. p. 9. (1819).
(2) L a m b i n e t, T. I. p. 171.

Сна-

CHAPITRE II.

Origine et progrès de l'imprimerie en Allemagne.

Le fyftême adopté par M. Koning dans la 8 partie de fa Differtation contient une probabilité fi fatisfaifante que nous continuerons de le prendre pour guide — En 1424, Jean Gensfleich, *de Sulgeloch*, dit *Guttemberg*, (1) jouisfait à *Strasbourg* d'un certain degré d'aifance. Suivant la coûtume des Gentils-hommes de fon tems, il charmait fes loifirs par fon application à des arts mécaniques. Son frère travaillait chez Koster; connaisfant les goûts du noble Strasbourgeois pour les arts ufuels, il lui aura transmis quelques renfeignemens fur l'art éminemment remarquable auquel il coöpérait à *Harlem*. *Guttemberg* et trois autres esfayèrent, en formant une fociété, d'en faire leur profit, et n'auront pu vraifemblablement y réusfir qu'après l'arrivée de Gensfleisch de *Harlem*, muni de caractères, et verfé dans les différens détails de leur manipulation.

Guttemberg retourna à *Mayence* fa ville natale: il y monta un atelier, où la Grammaire *d'Alexandre Gallus* et le *Tractatus Logicus* de Petrus Hispanus furent imprimés en 1442, à l'aide des caractères fabriqués par Koster (2). Il lui fallait des

(1) *Biogr. Univ.* ad vocem.
(2) Scheltema, *Vaderl. Mengelw.*, T. 2. p. 201

des fonds pour continuer une entreprise qui promet-
tait plus de gain à mesure qu'on l'appliquait à de
plus grands ouvrages. Il s'asfocia avec Jean Fust,
orfèvre de *Mayence.* Alors ils esfayèrent de publier de concert l'ouvrage dont les copies étaient vi-
vement demandées, *la Bible* (de 1450 — 1455).
Longtems on a cru qu'il n'exiftait point une édition
ausfi ancienne   L'exemplaire de la Bibliothèque de
Paris forme deux volumes fouscrits à la main le 15
et le 24 Août 1456, par Henri Cremer, vicai-
re de l'Eglife Collégiale de St. *Etienne*; anno Dni.
1456 (1).

L'ouvrage était une entreprise gigantesque; ausfi
eut-il des conféquences fâcheufes pour *Guttemberg.*
Fust redemandait *f* 1990, comme intérêt et capi-
tal des fommes qu'il avait prêtées à fon asfocié au
taux de 6 p. ƒ° (2). *Guttemberg* fut contraint de-
céder tous les inftrumens et tout l'attirail à Fust,
à qui il les avait engagés par contrat hypothécaire;
mais fans être découragé par cette perte il remonta
à *Mayence* une nouvelle presfe. D'autres amis le
foutinrent, et l'année 1460, on vit reparaitre un
ouvrage asfez volumineux, le Catholicon du frère
Jean Balbi (3). C'est un livre qui renferme les

ter-

(1) Mr. de Mac. Carthy à Touloufe en avait
ausfi un exemplaire imprimé fur parchemin, qui fut
vendu en 1817 pour *f* 6,260 :—:

(2) Westreenen, *Uitvinding van de Boekdrukkunst,* p. 33.

(3) Daunou, *Analyf.* &c. I. c. 328 in nota.

B 4

termes de presque toutes les sciences et de tous les arts.
Le titre contient une description naïve de l'imprime-
„ rie, „ non calami, stili aut pennae suffragio, sed
„ mirâ patronarum formarumque concordiâ, propor-
„ tione et modulo impressus atque confectus est."

On ne connaît pas d'autres productions de ses
presses; elles n'avaient pas contribué à lui procurer
de l'aisance, et cet art perfectionné dans ses mains,
lui eut été très préjudiciable, si l'Archevêque de
Mayence, venant à son secours ne l'eût pris en ami-
tié. Il le plaça au nombre des Gentils-hommes de
sa Cour. Son Diplôme de l'an 1465. lui assure
20 muids de blé, 2 barriques de vin, et libre entrée et sortie à Mayence (1).

Fust continua l'imprimerie que la sentence du
Magistrat lui avait assignée: il s'associa un célèbre
copiste de livres Pierre Schoeffer, de Gerns-
heim, qui devint ensuite son gendre. Plus heureux
que *Guttemberg* dans le développement de leur commerce, ils furent les premiers imprimeurs-libraires
proprement dits. Leurs commis traversaient l'Allemagne, fréquentaient les foires, les Universités et
les Ecoles (2). Ils avaient formé des dépôts dans
plusieurs villes de France, d'Italie et d'Allemagne.
Leur grand magasin était à *Paris*. Un Diplôme
de

(1) C. G. Joannis ap. Wolf, T. I. p. 5. et Es-
say *d'annales de la vie de* J. Gutemberg par J. J.
Oberlin, *Strasbourg* 1801, 8vo.

(2) Lambinet, T. I. p. 151.

de Luis XI., rapporté par Naudé (1) montre qu'il y avaient pour la valeur de 2425 Escus d'or, en livres. Ausfi avaient-ils déjà élevé le plus beau monument de l'imprimerie naisfante, *le Pfeau-ier de* 1457, dont la première page est imprimée en rrois couleurs, bleu, rouge, et pourpre (2). Tout le Livre est orné d'un grand nombre d'arabesques de diverfes nuances, qui flattaient agréablement la vue et attiraient cette forte d'acheteurs, dont l'ignorance pouvair au moins s'amufer à contempler une variété de couleurs. Depuis près de quatre fiècles on est parvenu à donner aux caractères une forme plus élégante, (et quelquefois peut-être moins favorable à l'oeil,) mais par fes autres accesfoires ce Pfeautier est et fera toujours reconnu comme un chef-d'oeuvre.

Non contens d'en avoir donné trois éditions ils esfayèrent de rivalifer avec *Guttemberg*, célèbre par l'énorme édition du *Cathelicon*. Par modestie, ou par dérifion, ils intitulèrent *Opusculum* deux énor-

(1) Ce Diplôme daté du *XXI Avr.* 1475, est dans les *Additions à l'hiftoire de* Louis XI, *contenart plufieurs recherches curienfes fur diverfes matières par* Gab. Naudé, *dans les Supplèm. aux Mém de Commines*, T. 3. p. 101 et Marchand, *Hift. de l'imp.* p. 93 T. 2.

(2) Le fac fimile de cette page fe trouve dans le fuperbe *Catalogue* de Spencer cité plus haut, T. I. p. 107.

énormes volumes in folio de la Bible vulgate en 462. Leur société exista jusqu'en 1467. Fust s'étant rendu à *Paris* y mourut; Schoeffer et son fils continuèrent leurs productions. Le premier pu' plus de 40 ouvrages, suivant la liste qu'en do Lambinet (1).

Les villes Germaniques exploitèrent avider cette nouvelle mine, qui récélait des trésors p des génies inventifs et prudens. On a des tions de *Bamberg*, en 1461 (2), *d'Augsbo* 1466 (3), et Senfenschmidt, à *Neur berg* en 1474 (4). Le correcteur de ce der André Frisner (5) devint, en 1476 Profes en théologie, à *Leipzig*. Il y transporta une presse, la première de cette ville, et légua son atelier aux Dominicains. Les termes de son Testament dignes d'être cités, comme une singularité, feront une diversion à l'aridité de nos détails actuels.

(1) T. I. p. 234.

(2) Noyez *notice d'un livre imprimé à Bamberg par* Camus, 1799, 4to.

(3) *Biblia Latina*, J. Bemler.

(4) J. R. Gruninger, imprimeur à Strasbourg 1484 - 1507. a commis plusieurs erreurs, qui pourraient tromper les Bibliographes: il existe de lui un livre Allemand *von dem Chirurgicus*, portant la date de 1397 au lieu de 1497, voyez *Biogr. Univers.*, T. 18. p. 566.

(5) *Textus Biblicus cum glosâ ordinariâ*, 6 vol. *in fol.* réimprimé *cinq* fois, dans l'espace de 30 ans.

tuels. ,, Item, je légue et donne mon coffre de fer, mes presfes, mes inftrumens et mes autres utenciles et meubles d'imprimerie avec vingt florins pour prier Dieu pour mon âme, et pour procurer aux religieux, le jour qu'ils feront la cérémonie de mes obféques, un meilleur diné qu'ils n'ont coûtume d'avoir dans le refectoire du prieur (1).

En 1479 il y avait déjà au moins dix imprimeurs à *Cologne* (2). En général, le long de Rhin, il exiftait durant le XV fiècle plufieurs typographes remarquables. La caufe de ce phénomène doit être cherchée dans la munificence dé plufieurs Mécènes puisfans qui cultivèrent et encouragèrent dans cette contrée tous les genres de littérature. P h i l i p p e IV, Electeur Palatin et J e a n D a l b e r g, évêque de *Worms*, fondèrent la première Académie connue

en

(1) A. P e i g n o t, dans la *Biographie Univerfelle* citée plus haut, au mot F r i s n e r.

(2) Il y a un livre fort rare et fort curieux de J o-
f e p h H a r t z h e i m, *Bibliotheca Colonienfis in quâ vitae et libri typo vulgati et manufcripti recenfentur omnium archidiocefeos Colonienfium indigenarum et incola-rum fcriptorum: accedunt vitae pictorum, chalcographo-rum et typographorum*, Colon. 1747 folio. Une lifte asfez exacte des premiers imprimeurs Allemands est rapportée par G. C. B. B u s c h, *Handbuch der erfidunn-gen*, Eifenach, 1803, T. 2. p. 2. p. 272. U l r i c h Z e l l, imprima à Cologne en 1466, un C h r y f o s t o m u s *ad Pf.* 50, *décrit par* D i b d i n, *Catal.* S p e n c e r, T. 3. p. 190.

en Allemagne; elle porta le nom de société littéraire du Rhin; prit foin de régler la langue Allemagne, et jetta les fondemens d'un vocabulaire, fous Maximilien I. (1)

C H A P I T R E III.

Origine et progrès de l'imprimerie en Italie.

Scriverius dans fon Laurecrans pour Koster (2) affirme que *l'Italie* ignora la nouvelle invention avant 1468. Il fe trompe, en 1465 (3), Conrad Swyenheim, Arnold Pannartz et Ulric Hahn, ouvriers de Mayence établirent les premiers un atelier, fous le pontificat de Paul II, dans le monastère de Soubiac, où des religieux allemands leur avaient donné l'hospitalité (4). Ils eurent un protecteur généreux en Jean André Bus_

fi

(1) Voyez *Revoluzione della Germania*, di Carolo Denina (Firenze) 1804), T. 3. capo XV. p. 336.

(2) p. 84 ap. Wolf, l. l. p. 384.

(3) Il n'existe aucune édition Italienne avant 1465 En 1817, on vendit à Touloufe chez Mac Carthy un Ptolomaei *Cosmographia Bononiae*, 1462, (No. 3874, du Catalogue.) Cette date est fautive. L'édition est de l'année 1482, c'est la conjecture du bibliothécaire de Lord Spencer, Dibdin, l. c. et celle de J. Bapt. Bernhard dans Aretin. *Beyträge zur gefchichte und Litteratur*, T. 5. p. 497.

(4) Marchand, *Hift. de l'imprim.* T. I. p. 54.

fi, natif de Vigevano, (1) devenu enfuite évêque d'Alèrie en Corfe. Ils débutèrent par un Lactance avec fousfcription du 30 Octobre 1465 (2). Un de leurs asfociés fut bientôt invité à choifir fon domicile à *Rome*. Sous le Pontificat du prédécesfeur de Paul II il aurait été imprudent de s'y établir, puisque Pie II. (mort en 1464) loin de protéger les lettres, négligea entièrement la Bibliothèque du Vatican, ne fachant trop, difait-il, fi les collections de livres font plus utiles que nuifibles aux affaires humaines (3).

Le Cardinal de Turrecremata confia à leurs presfes fes méditations et fes Commentaires. Ses collègues l'imitèrent. La maifon d'un fameux favant du tems, Philippe de Lignamine leur fervait de retraite. On attira de nouveaux imprimeurs, tellement que depuis 1471—1475 on comptait déjà plus de vingt imprimeurs, qui s'empresfaient de publier les éditions des Pères, et étaient fecourus dans la correction par plufieurs érudits du tems.

Com

(1) Denina, *Revoluz. della Germ*. T. 3. p. 342, il fe trompe en indiquant pour époque, l'an 1458.

(2) Panzer, *Annal.*, T. p. 405. Cette partie de notre apperçu est traitée avec une étendue et une exactitude qui ne laisfe rien à défirer dans la *Storia della Letteratura Italiana del* Girolamo Tirabofchi, Roma 1783. 4to. T. VI. p. 1. p. 141. Les dates ont été revues par Mercier de St. Leger, le continuateur de Marchand.

(3) Aeneas Sylvius, *Cosmographia*, c. 72.

Comme à l'ordinaire , les premiers entrepreneurs furent loin de parvenir au degré de prospérité que leurs peines méritaient. On a confervé l'humble fupplique de S w e y n h e i m et de P a n n a r t z , dans laquelle ils expofent à S i x t e IV. leur détresfe (1). Douze mille quatre cent foixante quinze volumes étaient entasfés dans leur magafin ; la concurrence en empêchait le débit.

Transplantée en *Italie* cette invention y rencontra un fol , où il lui était facile de prospérer. Les Médicis règnaient , ou par leur influence immédiate , ou par leur exemple. Ayant acquis des biens immenfes vers la fin du XIV fiècle et particulièrement dans le cours du quinzième , ils s'élevèrent au rang des Princes. On recherchait leur alliance , on bénisfait leur règne. Leur noble protection accordée aux lettres immortalifa leur nom plus encore que leur prépondérance politique Animés par leur exemple, les autres gouvernemens favorifèrent les fciences avec une libéralité digne d'un fiècle moins orageux (2). Différens états créérent des Inftituts particuliers dans le but de faciliter et de propager l'étude de la littérature clasfique. Cette mefure fut entrautres adoptée à *Bologne* , *Ferrare* , *Florence* , *Pife* et *Padoue*. On prévoit dès lors l'avidité

(1) Chez B o x h o r n , ap. W o l f , l. c. T. I. p. 865.
(2) T i r a b o f c h i , *Storia della Letteratura Ital.*, T. VII. p. 1 p. 11 et T. VI. p. 1. p. 36.

té avec laquelle les favans fe feront emparés du fecours de la Typographie. Les Visconti, les Sfor-
za, les Ducs d'Este, le Marquis de Mantoue et
de Montferrat et d'autres Seigneurs Souverains;
les Cardinaux, les Evêques et jusqu'à des Généraux d'armée rivalifèrent fous ce rapport (1). Ausfi ce ne furent pas comme ailleurs de fimples livres
ascétiques, mais les meilleurs Clasfiques qui occupèrent les presfes. La majeure partie des éditions
dites *incunabules* doit leur origine à la munificence
comme à l'industrie des Italiens.

Dans l'espace d'environ 20 ans (2) plus de 30
villes, et avant la fin du fiècle plus de 55 villes de
l'Italie furent pourvues de ce levier de la littérature (3). Quelques unes eurent des ateliers très célèbres comme, *Milan* 1469 (4), *Parme* 1473 (5).
Bologne 1471 (6). *Verone* 1472 (7). *Reggio* 1481 (8).

Flo-

(1) Tirabofchi, T. VI. p. 1 p. 12.
(2) Tirabofchi, T. VI. p. 1 p. 145.
(3) A. H. L. Heeren, *Gefchichte des Studiums der
Clasfifche Literatur feit dem wiederanfleben der wisfenfchaften*, Göttingen 1797 et 1801. Tom. 2, p. 113
(4) A. Zarot, v. Panzer, *Ann.* 1. c. T. 2. p. 11.
Il imprima *Terentii Comoediae*, 1470. Marchand,
Hift. de l'imp. T. I. p. 60.
(5) G. C. B. Busch, *Handb.* 1. c. T. 2. p. 280.
(6) Heeren, 1. c. p. 103.
(7) Tirabofchi, T. VI. p. 1. p. 144. On en a des
éditions de Jofephe et d'Eufèbe de 1480 et 1481.
Wolf, *Monum* T. I. p. 380.
(8) On a retrouvé le contrat par lequel les Citoyens
de

Florence 1471 (1). *Alphonse le Sage*, régnait à *Na-ples*, il y réveilla le goût de la faine littérature et fut le communiquer à toutes les clasfes de la fociété. Des honneurs particuliers furent décernés par fon ordre à Sixtus Rusfinger, Strasbourgeois, qui le premier y apporta la pratique du nouvel art (2). Des ouvriers de *Mayence* et de *Worms* l'introdui-firent pareilement en *Sicile* vers 1477 (3)

Il est une ville de *l'Italie*, qui dans les annales du monde, ainfi que dans celles de la typographie; méritera toujours une mention particulière. Venife peut être envifagée comme le point central de la libraire du XV. fiècle (4). Son commerce était dé-jà

de Reggio permirent l'introduction de l'art dans leur ville. On y voit que les premiers ouvrages livrés chez eux à l'impresfion furent Columelle, le Décaméron et la Généalogie des Dieux, par Bocace. Tirabofchi, l. c. T. VI. p. 1. 144.

(1) Quel Bibliographe ne connait pas la belle édition d'Homère, *Florence* 1488, fol. procurée par les foins de Demetrius Chalcondyle, fecondé dans ce travail par un autre Demetrius de l'Ile de Crête. L'impri-meur Bernardo Nerli en fit honneur à Piere fils de Laurent Médicis. Tirabofchi, T. VI. p. 1. p. 320.

(2) Befoldi, Bisfert. ap. Wolf, T. I. p. 171 et Aretin, *Abhandl.* l. c. p. 9.

(3) Denina, *Revoluz. della Germ.* T. 3. p. 343. Quoique Tirabofchi, l. c. fixe fur l'autorité de la fociété *Sicilienne* la première presfe, à *Mesfine* en 1473.

(4) L'imprimerie y fixa le fiège de fon empire, dit Ti-

jà fut fon déclin , mais jettait néanmoins une lueur qui rappelait fes plus beaux jours.

Selon S c r i v e r i u s (1), J a n f o n H a m m o n dit H e r z o g et O c t a v i a n u s Scotus furent les prototypographes de cette ville. J e a n, de la V i l-le d e S p i r e, y imprimait en 1468 et 1469 (2). Il ferait fuperflu de citer une liste aride du grand nombre d'hommes de génie à la fois artistes et litté-rateurs, qui s'y diftinguèrent par leurs travaux, tels que A. de *Comitibus* et G. A l e x a n d r i n u s, F r a n ç o i s d e H a i l b r u n, N i c o l a s d e F r a n c-fort, et furtout N i c o l a s J e n f o n (3). Ce dernier imprima de 1470 - 1481 près de cent cin-quante ouvrages. S i x t e IV le décora du titre de Comte P a l a t i n.

Leur

Tiràbofchi, l. c. p. 143. P a n z e r fait monter à 2835 articles les ouvrages publiés à *Venife* avant l'an 1500. Vid. P a n z e r, l. c. T. 3. p. 501.

(1) Ap. W o l f, T. I. p. 321.

(2) L'Hiſtoire naturelle de Pline in fol. de 1475 fut achevée par eux en trois mois, à ce que dit la fou:-ſcription.

(3) W o l f, T. I. p. 379. Dans la fousfcription de plufieurs volumes du XV:. fiècle, on lit qu'ils ont été imprimés *inclytis inftrumentis* J e n f o n i i, ou *inclytis famofisque characteribus optimi quondam in hâc arte ma-giſtri* N. J e n f o n. J a c q u e s S a r d i n i a donné *Efa-me fu i principi della francesfa ed italiana tipografia; ovvero ftoria critica de* N i c o l a o J e n f o n, Lucques fol. 3 T. 1796 - 1798.

C

Leur réputation était fi bien établie que S t r a d a leur envoya fes ouvrages pour les imprimer.

Un homme effaça dans la même ville tous fes dévanciers, et furpasfa peut-être tous fes fuccesfeurs dans les fiècles modernes: Fidéles à conferver la gloire léguée par leur père, fes enfans même maintinrent durant un fiècle et davantage une célébrité acquife fur des titres imprescriptibles. Quoiqu'on n'exige de nous qu'un précis, on nous permettra de nous arrêter un inftant fur la noble fuccesfion de favans imprimeurs que forme la famille des A l d e s. Au XVI:e fiècle leur gloire fut à fon apogée, cependant Aldo P i o Manutio Romano, dit Alde l'ancien, en pofa les fondemens avant la fin du XVe fiècle. (1)

Né en 1447 à Basfiano, petite ville du Duché de Sermonetta, asfez près de Velletri et des marais pontins, il avait eu le bonheur d'entretenir des relations étroites avec le fameux Pic de la Mirandole. En 1482 il vivait dans la maifon de ce philofophe, il y conçut probablement le projet d'établir une imprimerie, pour laquelle Pic et fon neveu le Prince A l b e r t o P i o, élève d'Alde l'ancien, firent les avances.

Il

(2) On a fur les Aldes un ouvrage clasfique écrit avec autant de goût que d'exactitude: *Annales de l'imprimerie des Aldes, ou Histoire des trois Manuce, et de leurs éditions par* A n t. A u g. R e n o u a r d, *Paris* 1803. Supplém. 1812.

Il fe rendit à *Venife* en 1488, et débuta par le petit poëme de Mufée, Grec et Latin, fans date, mais indubitablement (fuivant R en o u a r d) de 1494. Peu après il publia un A r i s t o t e, pour lequel il avait rapproché, étudié, expliqué un monceau de manufcrits presqu'illifibles et mutilés. Il l'imprima en 5 vol. in folio 1495 - 1499. T h u c y d i d e, P l a t o n, X é n o p h o n, D é m o s t h é n e, L u - c i e n, E u r i p i d e et H o m è r e exercèrent fuccesfi- vement fon industrie. On ne fait fi on doit admi- rer davantage la bonté de fon choix ou la correc- tion et la multiplicité de fes travaux. De la *Hon- grie* et de la *Pologne* on lui confiait des manu- fcrits (1). Chaque mois il publiait au moins un bon ouvrage.

Il travaillait à mettre au jour une polyglotte grec- que, latine et hébraïque, et peut-être fon plan en donna - t - il l'idée au Cardinal X i m é n e, lorsque la mort le furprit en 1515 (2).

Son activité fut prodigieufe. Les preuves en font confignées dans le catalogue des éditions A l d i n e s publiées par R e n o u a r d. Àusfi Alde fentait un grand éloignement pour la vifite des importuns. Il espérait les chasfer par l'épigraphe fuivante placée fur fa porte et rapportée par S c r i v e r i u s (1).

,, Quis

(1) T i r a b o f c h i, *Storia della Letteratura It.* T. VI. p. I. 153.

(2) R e n o u a r d, *Annal.* T. 2. p. 33.

(3) Petr. S c r i v e r i u s, *Laurecrans,* p. 77 et ap. Wolf, T. l. p. 373.

,, Quisquis es, rogat te Aldus etiam atque etiam,
,, ut, fi quid est quod a fe velis, perpaucis agas :
,, deinde actutum abeas , nifi ramquam H e r c u l e s ,
,, defeffo Atlante , veneris fuppofiturus humeros.
,, Semper enim erit quod tu agas , et quotquot
,, huc attulerint pedes. ''

C H A P I T R E IV.

*Origine et progrès de l'imprimerie en Suisse,
en France, en Angleterre &c.*

Tandis que la patrie de Guillaume Tell
avait été au XVe fiècle le triste théâtre des factions
intestines , Bâle resta paifible à l'ombre de l'autorité épiscopale. Ses citoyens, tranquiles fpectateurs
de l'effervescence générale , fe livraient avec asfez
d'ardeur à la culture des arts, qui fuient le bruit
des armes. Elias E'ly e , de L a u f f e n , natif
de Laufanne, doit être nommé parmi les premiers
reftaurateurs des lettres en Suisfe, et malgré fa
qualité de Chanoîne et l'âge de 70 ans il fonda
en 1470, la première imprimerie .en Suisfe (1).
Il y attira Christianus Urftifius et Michel
Winsler (2). L'impulfion étant une fois don-
née,

(1) Voyez fur ce petfonnage la notice du favant *Usteri*
dans la *Biographie Univerfelle* au mot *Elye* et Busch,
Handb. der Erfind. l. c. T. 2. p. 2. p. 261.
(2) Scriv. ap. Wolf, T. I. p. 353. On a du premier

née, les presses de Bâle ne furent pas oisives. A-
merbach., aidé par Conrad Leontinus, l'ami
de Reuchlin, cet autre restaurateur des bonnes
études en Allemagne, érigea une presse en 1480
et se dévoua avec tant de zèle à sa profession, qu'en
mourant il fit promettre à ses enfans de donner
une édition de S. Jerôme (1).

Un élève d'Elye fonda l'imprimerie en France.
Le monarque, qui gouvernait ce royaume en 1461,
et les années suivantes, s'acquit, malgré sa politique
sombre et cruelle, quelques droits à la reconnaissan-
ce de ses sujets par l'établissement d'une percep-
tion plus égale des impôts, et par un petit nombre d'institutions libérales. Par ses ordres Jean
à Lapide fit venir de Bâle, vers 1470, Ulrich
Gering, auquel se joignirent M. Crantz et
M. Friburger.

Il leur fut accordé un local en Sorbonne. Leur atelier s'établit au soleil d'or, dans la rue S. Jaques,
à *Paris* (2). Outre le *Miroir du salut*, sur lequel
presque tous les premiers libraires essayaient leurs
presses à l'instar de Koster, ils mirent au jour
les

mier une Bible de 1484-1491, et du second le Code Justinien de 1478.

(1) V. la note à la page 554 du Tome VIII. de *l'En-
cyclopédie* ed. de *Livourne* 1773.

(2) Casim. Oudinus ap. Wolf, T. 2. p. 890, et
Naudé, *Additions aux Mém. de Phil. de Commines*,
chez Marchand, *Hist. de l'Imp.* T. 2. p. 93.

les *Epitres de Barzizius Pergamenfis*, ouvrage ausfi célèbre de fon tems, qu'il est inconnu du nôtre (1).

Les fuccesfeurs de Louis XI, Charles VIII. et Louis XII rapportèrent de leurs conquêtes en *Italie* le goût des arts, et bientôt, à l'aide des colonies d'artistes que leur munificence transporta en France, ils y transplantèrent ausfi le goût du beau.

Robert Gaguin, bibliothécaire des Trinitaires, reçut de Louis XII des fommes confidérables pour aller à la recherche des manuscrits. Il fut employé à débrouiller le cahos des auteurs Gaulois et à écrire l'hiftoire. La nouvelle invention lui fervit à mettre au jour le premier ouvrage clasfique fur l'hiftoire de France (2). Durand Gerlier l'aida à publier fes discours et fes hiftoires en 1497.

Plus de quarante imprimeurs fe (3) fixèrent, à *Paris*; et *Lyon*, *Abbeville*, *Bordeaux* et différentes tes

___

(1) *Barzizii Pergamenfis Epistolae*, 4to 1470; à la fin de l'ouvrage on lit ces vers dans l'exemplaire de la Biblioth. de *Paris*.

  „ Primos ecce libros, quos haec industria finxit
     Francorum in terris aedibus atque tuis
  Michaël Uldalricus Martinusque magistri
     Hos impresferunt ac facient alios."

(2) *Compendium fuprà Francorum gest. a Pharamundo usque ad* 1491, *Paris* chez André Bocard, 1497. 4to.

(3) Lambinet, Tom. I. p. 285.

tes autres villes réalisèrent la prophétie d'un érudit du XVIe. siècle.

> L'imprimeur en un jour fera plus de volumes
> Que le subtil travail de mille doctes plumes (1).

Les productions, qui sortirent de leurs ateliers n'annonçaient cependant pas une instruction fort solide, ni un choix ausfi éclairé que l'était celui des imprimeurs *italiens*. Quelques éditions clasfiques parurent peu après l'introduction de l'art, mais leur nombre, au lieu d'augmenter, diminua fenfiblement vers la fin du fiècle. Il s'écoula fans que les presfes françaifes eusfent publié un feul livre Grec (2).

L'origine de l'imprimerie en *Angleterre* repofe fur des faits moins fûrs. Suivant la tradition Thomas Bourchier, Archevêque de Cantorbery, confeilla à Henri VI d'enrichir fes états par cette invention. On envoya des émisfaires à *Harlem*, entrautres William Caxton. A force d'argent on y aurait embauché Jean de Courcelles, à l'aide duquel Caxton érigea un atelier, à *Oxford*, en 1468 (3).

Quoqu'il en foit, l'imprimerie de W. Caxton travaillait, à *Westmunfter*, en 1471. Sa première pro-

(1) Boxhorn ap. Wolf, T. I. p. 1040.

(2) A. H. L. Heeren, *Gefchichte der Stud. der Clasfifche Literatur*, T. 2. p. 186.

(3) *Analyfe des opinions div.* par Daunou, chez Lambinet, T. I. p. 353 et 382.

production fut *Raoul le fevre* , *Recueil des histoi-
res de Troye*. La traduction anglaife du même livre fut le premier ouvrage imprimé en cette langue (1). Sans débuter comme fes confrères par
des ouvrages fort férieux il fe hâta de mettre au jour
un traité très curieux , compofé par lui même , et
fort recherché , vû fa rareté , *the game of the chesf*
(traité fur le jeu des échecs).

La Bibliothèque Spencerienne , une des plus riches qui foit connue en productions des premiers
temps de la typographie , démontre la prompte propagation de l'art en *Angleterre*. Malheureufement l'invention furvint au milieu des troubles fomentés par
les prétentions des maifons de York , de Lancaster
et d'Anjou (1450 - 1485). La dépravation des
moeurs portée à un excès incroyable corrompait
le génie , et ôtait à la Nation cette fleur d'urbanité
qui donnait , an moins un certain charme aux productions fuperficielles des Français.

Les travaux typographiques de l'Abbaye de St.
Alban , de Letton et Machlinia , de Wynkyn ,
Wor-

(1) C a x t o n , *the father of the Britsh presf* , dit
D i b d i n , in *Catal.* S p e n c e r , T. 4. p. 171. On montre une édition datée de 1468, de *l'Expofit. S.* H i e r o n y m i
in Symb. Apostol. ad papam Laurentium (ouvrage attribué à J é r ô m e , mais en effet celui de R u f f i n) : la date est fautive, elle est de 1478. Voyez, A m e s *Biblio-
graphical antiquities enlarged and illustrated*, bij T.
D i b d i n , 1810, 4to.

Worde et Richard Pynſon furent très nombreux, mais n'eurent rien de fort remarquable. Des gravures en bois ornèrent déjà de bonne heure leurs éditions, témoin *the mirrour of the world*, ⟨Caxton⟩ 1481.

Il ſerait tédieux et pour l'auteur de ce mémoire et pour nos lecteurs de nous arrêter plus longtems ſur les rudimens de l'art dans les contrées qui reſtent à parcourir. Dans le Nord, la civiliſation était encore à ſon aurore, d'ailleurs le fléau ordinaire dans chaque état naisſant, les guerres civiles, ne laisfaient aucun loiſir littéraire. La ſeule ambition du pouvoir abſorbait toutes les autres.

J o h. S n e l l imprima le premier livre, à *Stokholm*, en 1483 (1). F a b e r B a r t h o l o m a e u s et J o h a n n e s étaient des imprimeurs asſez connus à *Stokholm* et à *Upſal* en 1495. La réimpreſſion des misſels était leur principale resſource. — *Coppenhague* jouit plus tard que *Stokholm* des bienfaits de la typographie. En 1490 G o t f r i e d v o n G h e m e n l'y introduiſit ſans procurer à cet art une fort grande vogue (2).

Les ateliers ſe multiplièrent vers la même époque dans les villes de *Konigsberg*, *Cracovie*, *Prague* et *Ofen* (3). Le Roi de *Hongrie* M a t t h i a s C o r-

(1) *Dialogus creaturarum moralyzatus*. V. B u s c h, *Handb. der Erfind.*, l. c. T. 2. p. 262, et A d r. S c h r a g, *Histor, Typograph.* ap. W o l f, T. 2. p. 15.
(2) B u s c h, l c. p. 283.
(3) *Ladislaus Gerebus* imprima le premier à Ofen en

1472,

Corvinûs invita des *Italiens* à fa Cour pour réunir des manufcrits et former des bibliothèques (1).

La Turquie n'en demeura pas même dépourvue. Un Juif, de Soncino, transporta à *Conflantinople* l'art qu'il avait commencé d'exercer à Brescia. Gerfon ben Mofé (appellé ausfi Soncinato) après avoir donné une édition de la Bible Hébraïque, à Brescia, en 1491, continua de travailler parmi les infidèles et cet art y fubfista longtems (2).

L'Espagne était depuis longtems préparée à la culture des lettres. On fait ce qu'était ce Royaume fous Jean fecond (1401 - 1454). Son règne donna une impulfion très favorable aux fciences, et influa puisfamment fur la civilifation du peuple. La poëfie espagnole prit depuis cette époque un caractère vraiment national. Les favans invités à paraître à la cour y compofaient une clasfe respectable. Dans le catalogue de Marchand je rencontre déjà, en 1473, une imprimerie à Bayonne, occupée à publier un *Commentaire fur Aristote* par N. Bonnet, en latin.

Ap-

1472, fous la direction du favant Andreas Hesf, dont il publia le *Chronicon Budenfe*, 1473.

(1) Tirabofchi, Tom. IV. p. 1. p. 136.

(2) *Biographie Univerfelle* au mot Gerfon. Il fut précédé à *Conflantinople* par un anonyme dont les presfes produisirent un Dictionnaire Hébreu, 1488. — Voyez la *Gazette littéraire de Jéna* 1801, No. 82.

Appliquée à l'idiôme du pays la nouvelle invention mit au jour pour un début le poëme de Jean de Mena, *Las Trecientas*, contenant une peinture allégorique de la vie humaine, Séville, 1496, chez J. T. Favario de Lumelo. Peut-être l'activité des presses eut pris dans ce pays un esfor comparable à ce qui eut lieu en *Italie*: L'Inquifition y mit obftacle. L'Espagne fut le premier pays, où le fanatisme politique et religieux limita l'ufage de la presfe.

A peine ce Tribunal était connu, qu'il fe hâta de frapper fous ce rapport un coup d'état, en pourfuivant l'Archevêque de Grenade, D. Ferdinand de Talavera, hiéronymite, confesfeur de la Reine. Il avait compofé et publié, en 1481, pour la défenfe de la religion un ouvrage, à ce qu'on dit, plein d'érudition et de bon fens. Son zèle pour la foi ne put le fauver ni lui, ni fon livre, d'une perfécution violente pendant fa vie et après fa mort (1). Le faint office voyant qu'on n'ofait lui réfister, les pourfuites contre les favans et les littérateurs fe fuccédèrent impunément. En 1490, l'inquifiteur Torquemada fit brûler un immenfe nombre de Bibles Hébraïques et plus de 6000 volumes imprimés ou manufcrits dans un autodafé à Salamanque, fous prétexte qu'ils étaient remplis de

for-

(1) Voyez *Hiftoire critique de l'Inquifition d'Espagne* par J. A. Llorente, 2 Edit., *Paris* 1818, T. 2. p. 417.

fortiléges (1). Quelque tems auparavant un autre Dominicain, Lope de Barrientos, avait voué à la même deftruction la Bibliothèque de Henri d'Arragon. Pour prix de fon zèle il fut nommé Evêque de Cuença. Llorente a publié récemment les actes officiels des fureurs anti-littéraires exercées par l'inquifition. Il faudra encore le confulter pour le fiècle fuivant.

Enfin dans un pays voifin, en *Portugal*, la typographie florisfait par les foins de quelques Juifs. En 1491, parut à *Lisbonne*, le fameux commentaire Rabbinique *l'Onkelos*. Cette édition n'est pas fans mérite (2).

C H A P I T R E V.

Perfectionnement progresfif de l'art.

Nous nous fommes, peut-être, plus étendus qu'il ne le fallait pour indiquer les prémices de l'établisfement de l'imprimerie; mais nous ignorons qu'on ait fixé jusqu'ici ces dates et cette histoire avec la précifion que nous avons esfayé d'y mettre. Nous n'avons pas un motif pareil relativement aux perfectionnemens fuccesfifs de l'art même. Lambinet et d'autres nous ont précédés avec une exactitu-

(1) Llorente, T. I. p. 281.
(2) Rosfi, *Annales Hebraeo-typographicae*, Parmae 1795, p. 70.

tude qui nous permet d'abréger cette partie de l'apperçu demandé (1).

Les typographes s'astreignirent dans les com-—
mencemens à une imitation fervile de l'écriture:
leurs éditions pasfaient pour des copies écrites.
Peu à peu cette rufe qui retardait les progrès de
l'art devint inutile; il fallut avouer franchement l'application d'un procédé autrefois inconnu. On chercha dès-lors à rendre la forme des lettres plus élégante, on retrancha les angle rudes et faillans de
l'écriture gothique; on voulut des caractères plus
distincts et d'un aspect plus agréable: toutes ces
conditions fe trouvèrent réunies dans l'écriture romaine ou italique, à laquelle Alde l'ancien donna
une grande vogue: il en conçut la première idée à
la vue des-chefs d'oeuvre de calligraphie formés
par la plume de Pétrarque (2). Après qu'il eut
foumis de pareilles impresfions aux regards du public, le Sénat de Vénife et le Pape lui en expédiè-
rent un privilège exclufif (3).

Avant la fin du fiècle N i c o l a s J e n f o n fit connaître la forme et les proportions des caractères
en majuscules et minuscules. La Grammaire grecque de Lascaris, *Milan* 1476, et l'H o m è r e de
1488 furent les premiers esfais de caractères grecs
majuscules. Il y a cinq éditions de Poëtes Grecs
d'u-

(1) L a m b i n e t, T. I. p. 290 - 310.
(2) W o l f, T. I. p. 535.
(3) R e n o u a r d, *Ann.* T. 2. p. 18.

d'une rareté extrême, imprimés par les foins de Lascaris en grands caractères, d'une élégance, et d'une netteté comparable aux meilleures productions des fiècles fuivans (1) Alde l'ancien rendit pareillement les caractères minuscules très gracieux et plus lifibles, dans le Mufée, in 4to, fans date (felon Renouard de 1494), comme ausfi dans fon Aristote; on parlera dans la fuite de ceux de Garamond.

On s'appliquait déjà également à introduire un certain luxe dans l'exécution typographique. Alde s'attirait les plaintes des acquéreurs par les énormes marges, dont il ornait fes éditions, imprimées fur du velin bleu; elles étaient asfez chéres pour fon temps. Aristote en 5 vol in fol, coûtait fur papier ordinaire 11 écus d'or ou 128 francs; le double fur velin (2). E. Ratdolt à Venife imprima en lettres d'or la préface entière de fon Euclide de 1484 (3). Ici, comme dans chaque art la vaine ambition d'obtenir la primauté fit inventer de

bril-

(1) Ce font la plupart des Anthologies, intéresfantes fous le rapport de l'étude clasfique. Voyez-en la defcription dans les *Literarifche Analekten herausg.* von F. A. Wolf, *Berlin* 1816, T. I. p. 237.

(2) Voyez d'autres prix notés dans le *Catal.* de Renouard, T. I. *des Annales Aldines*, p. 148.

(3) J. B. Audebert a renchèri fur ces fomptueufes inutilités dans fon *Hiftoire des Colibris, des Oifeaux mouches &c.*, 1 vol. gr. in folio, 1802, à *Paris*, dont 15 Exemplaires ont tout le texte imprimé en or.

brillantes fuperfluités qui n'avancent en rien les progrès de l'esprit.

Quant à l'Hébreu, il est furprenant que malgré la difficulté d'en graver les poinçons, la bibliographie puisfe indiquer un nombre confidérable d'ouvrages hébreux avant le XVI.ᵉ fiècle La civilifation s'était mieux maintenüe chez les Juifs à la renaisfance des lettres qu'elle ne l'était chez les Chrétiens.

En 1474 on imprima en Sicile les prémices de la litterature Hébraïque (1): on les foigna telle*ment, qu'on ne compte pas plus de quatre fautes d'impresfion dans le *Pentateuque* avec les Commentaires de *l'Onkelos*, de *Bologne* 1482, chez J. C. A h a r a n, Strasbourgeôis (2).

En général une exacte correction est le caractè*re distinctif des *incunabules* On n'en fera pas furpris; des hommes tels qu'E r a s m e, B a d i u s, F r o b e n, Alde M a n u c e ne dédaignaient pas de s'en charger, et les imprimeurs étaient eux mêmes pour la plûpart des favans du premier ordre. De riches particuliers, des Souverains tels que F r e d e*r i c III, Roi de *Danemarc*, F r a n ç o i s I, Roi de *France*, et L o u i s, Comte Palatin, avaient dans leurs

pa-

----

(1) La Grammaire de M o f e s K i m c h i, qui s'est trouvée parmi les livres, que S c a l i g e r légua à l'univerfité de *Leide.* W o l f, *Bibl. Hebr.*, T. 3. p. 812.

(2) D e R o s f i, *Annales Hebraeo - typographicae,* (Parmae 1795.) *Disfert. prelim. p.* 157.

palais des imprimeries pour amuſer leurs loiſirs (1).
Un Duc de *Saxe* ſe ſervait par un luxe, pour le
moins inutile, de caractères d'argent dans ſon châ=
teau de Hartenfels, près de Torgau (2).

Ausſi dès l'année 1478 les bons livres de Jurisprudence &c. avaient été imprimés plus d'une fois.
Un moine asſurait à cette époque avoir corrigé
3000 volumes. En 1725 quelqu'un ſe vantait devant Prosper M a r c h a n d de posſéder plus de
5000 éditions du XVe ſiècle (3). A Nordlingue on
conſerve encore actuellement plus de 330 ouvra=
ges ſur le droit, imprimés avant l'an 1500 (4).
L'incendie de *Moscou* aura probablement ruiné le
ſuperbe Muſée du Duc Butterlin qui renfermait, en
1800, près de 5000 volumes du même tems (5).
La collection pourrait pasſer pour complète, ſi le
calcul d'Orlandi (6) était exact, d'après lequel le
nombre des *auteurs* dont les ouvrages ont été publiés

-----

(1) *Relatio* B o c h e n h o f e r i ap. W o l f, T. 2.
p. 974.

(2) M a r c h a n d, *Hiſt de l'imp.*, T. I. p. 95.

(3) M a r c h a n d, T. I. p. 95, note B B.

(4) J. F. W e n g, *Antiquisſima quaedam typographiae monumenta hactenùs incognita in Bibliothecâ Civi-
tatis Nordlingenſis asſervata*, 1816.

(5) E. D. C l a r k e, Prof. de l'Univerſ. de *Cambridge
Voyage en Rusſie et en Tartarie*, (1800-1801.) p. 52 de
la traduct; allemande de *Weygand, Weimar*. 1817.

(6) *Origine e progresſi della ſtampa da Peregrin.* del
A n t. O r l a n d i, *Bononiae*, 1722.

bliés par l'impresſion depuis 1457 à 1500 s'élève
à 1303.

Suivant un minimum inconteſtable, on peut dire, qu'avant 1501 l'impresſion avait exécuté plus de
treize mille éditions et répandu en *Europe* plus de
quatre millions de volumes (1).

(1) Telle est l'opinion de Mr. Daunou, *Journal des
favans*, *Mars* 1819. p. 170. Pedit Radel, qui croit
qu'avant la fin du XV ſiècle on aurait imprimé, 5,153,000
volumes, en ſuppoſant, 14750 éditions. Voyez L. C.
F. Petit-Radel (membre de l'Inſtitut) *Recherches
fur les Bibliothèques anciennes et modernes jufqu'à la
fondation de la Bibliothèque Mazarine et fur les caufes, qui ont favorifé l'accroiſſement fuccesſif des livres;*
Paris 1819.

*Apperçu historique des progrès de l'art du-
rant le XVIe fiècle.*

C H A P I T R E Ier.

Etablisfement progresfif.

La typographie était fatale au métier des copistes,
exercé communément par les Religieux. Après
avoir commencé par de fortes réclamations contre
l'introduction de cet art ils finirent par tâcher de
l'attirer fous leur dépendance. Leurs foins en in-
troduisirent l'ufage dans le petit nombre de pays
civilifés qui, durant ce fiècle, en étaient encore dé-
pourvus.

Il n'en restait que deux, l'Islande et la Rusfie.
Dans cette île célèbre, qui préfente un des plus fin-
guliers phénomenes du monde phyfique et moral,
l'imprimerie est un befoin, elle n'y est pas un objet de fpéculation. La feule jouisfance qu'éprouvent les infortunés Islandais, exilés fur un fol brû-
lant, environnés d'un athmosphère glacé et téné-
breux, c'est d'étudier les chefs-d'oeuvres de leurs
ayeux, ou ceux de l'antiquité. Dans une contrée,

où

où le payſan conſacre ſes loiſirs à la lecture de Vi r-
gile et de Ciceron, une preſſe publique devient doublement précieuſe. La première fut érigée
vers l'an 1530, à Hoolum dans la province ſepten-
trionale ſous les auſpices de l'évêque John Areſon (1). Il fit venir de *Suède* un imprimeur John
Matthieſen. Ameliorée en 1574, par Ger-
brand Thorlakſon cette inſtitution typographique ſubſiste jusqu'à ce moment dans une
frêle chaumière, et dès avant la fin du XVI ſiècle
elle fournit une foule d'ouvrages originaux, auſſi
précieux ſous le rapport du ſtile que ſous celui de
la netteté et de la correction (2).

La Ruſſie était ſoumiſe vers le même tems
(1533—1584) à un de ces hommes ſinguliers, chez
qui les vices et les vertus tiennent à peu près la
balance égale : extrème dans le bien comme dans le
mal leur règne laiſſe toujours d'impériſſables traces, qui attirent et repouſſent tour à-tour les amis
de l'humanité. Iwan IV., ſur-nommé le *terrible*
par les Ruſſes, le *tyran* par les étrangers, introduiſit, entre pluſieurs autres inſtitutions favorables
aux lumières, l'uſage des preſſes dans ſes états. Il
les

---

(1) *Biogr. Univerſelle*, T. 21. p. 610. Areſon,
convaincu de pluſieurs délits fut pendu en 1550. avec
ſa concubine et ſes deux fils.

(2) G. S. Mackenzie, *Reiſe durch die Inſel Is-
lands*, 1810. inſéré dans Bertuch, *Neue Bibliothek
von Reisbeſchreib*. 2e. helft der 1e. *Centurie*, T. 1. p. 75.

les employa à publier le premier Code ou manuel des Juges. Elles exiſtaient à *Moscou* en 1562 (1)

Partout où la Religion Chrêtienne étendait ſon domaine, ſes ministres ſe firent tôt ou tard un devoir de multiplier les travaux typographiques. La nouveauté de l'entreprise y ajontait un attrait de plus ; elle égayait la tristeſſe des cloîtres ; elle procurait quelque diverſion à leur pieuſe oiſiveté. Jusque dans *l'Afrique* et dans diverſes villes du Levant, Tripoli, Salonique &c. (2) des mains actives multiplièrent avec profuſion les verſions, les commentaires et les légendes. *L'Amerique*, resta ſans presſes jusqu'à l'année 16.4 (3).

C H A-

(1) B u s c h, *Handb. der Erf.*, T. 2. p. 2. p. 283. Iwan inſtitua les Strelitz, premier corps rusſe régulier, ſur le modèle des troupes européennes ; il ouvrit de nouvelles routes et des marchés , et fut, en tout ſens, le pré‑ curſeur de P i e r r e le Grand. *Biogr. Univ.*, T. 21. p. 314.

(2) On connait le Pſeautier Syriaque imprimé en 1585, folio, et réimprimé en 1610, avec le texte Arabe ſous la direction du ſavant évêque de Damas *Sergius Riſius*, dans le cloître de St *Antoine*, ſitué dans la vallée du mont Liban. Voyez D ö d e r l e i n, *Repertorium für Bibl. und morgenl. Litteratur* , Th. 2. p. 158.

(3) B u s c h, *Handb.* T. 2. p. 2. p. 282. ſoutient, que Cortés les introduiſit dans la ville de *México* en 1524, mais, il n'en donne aucune preuve. Il y a ſur les presſes Américaines un ouvrage claſſique de l'imprimeur I ſ a i a h T h o m a s, *History of printing in America, with à biography of printers and an ancount of news papers. Worcester* (United States) 1810. 2 voll. 8vo. La

pre‑

CHAPITRE II.

Imprimeries célèbres du XVIᵉ ſiècle.

L'apperçu historique, qu'il faut livrer pour répondre à l'esprit de la question propoſée, doit être ſimplement conſidéré comme un préalable, qui facilitera la discuſſion de la ſeconde partie de ce Mémoire. Conſéquemment, c'est ſur les imprîmeries d'une influence notable ſur la maſſe des lumières qu'il convient de jetter un coup-d'oeil.

De ce nombre fut dans les Pays-Bas Christophe Plantin, natif de la Tourraine, (1514-1589.) Animé dès ſa jeuneſſe du déſir de s'appliquer à la typographie, il voyagea dans ce but par toute *l'Europe*. Sa piété égalait ſon zèle; une vaste érudition guidait ſes labeurs; ,, Vir erat (dit Mattai- ,, re) ſolers et alienisſimus ab istis vitiis, quae tri- ,, vialiter addictis huic arti hominibus communia ,, et familiaria hodie ferè omnibus." — On accourait à Anvers, viſiter ſon atelier; les inſtrumens y étaient d'ivoire, des ſavans d'un ordre ſupérienr s'engagaient chez lui comme correcteurs; de ce nom-

première preſſe s'établit, dit-il, dans *Mexico*. Les provinces ſeptentrionales en eurent une à *Cambridge*, en 1639. Un *Indien* figure déjà parmi les imprimeurs de cette contrée, dans la ſeconde moitié du 17ᵉ. S. ib. Tom. 1ᵉ p. 290.

nombre furent Erasme, Badius, Raphelen=
gius (depuis Profesfeur à *Leide*,) Jean Moret &c.
Tel qu'Apelle il expofait fes pages au public, as-
fignant une récompenfe à celui qui y découvrirait
quelque faute, et ne publiait fes ouvrages qu'après
plufieurs épreuves pareilles. Dix fept presfes rou-
lantes furent obfervées chez lui par le Préfident du
Thou; ausfi Guichiardin asfurait „ que, le
„ tout calculé, en ceste maifon des Mufes, et
„ pour le labeur de l'impresfion, on emploie tous
„ les jours plus de 300 florins du pays; chofe
„ (fans mentir) illustre et royale, qui redonde,
„ non tant au profit et honneur de l'autheur loua-
„ ble d'icelle, ains encore de toute la ville: point
„ de pareille en toute *l'Europe* &c. " — Les titres
honorifiques lui furent prodigués par Philippe II.
Il mourut avec celui *d'Architypographe Royal.* Ce
qui valait mieux, c'est que le Cardinal Granvel-
le le foutint puisfamment par fes libéralités; il fit
une partie des fraix pour l'impresfion de la fuperbe
Polyglotte Royale en 8 vol. fol. (1569-1572. On
fe contenta d'en tirer 500 exemplaires, une grande
partie périt en mer, mais elle n'en fut pas moins
d'une grande utilité dans les travaux exégétiques
d'Erasme et des autres reftaurateurs de l'hermé-
neutique facrée (1).

Com-

(1) Voyez fur Plantin, Mattaire, *Annales Typograph.* Hagae Com. 1725. T. 3. p. 2. 545. fuiv. Saxii,
Onomast. litter. Op. IV. p. 612. et furtout Guichar-
din,

Comme tels parurent ausſi vers la fin du ſiècle Louis et Gilles Elzevier. Etablie d'abord à la *Haye*, en ſuite à *Leyde* et à *Amſterdam*, leur maiſon conſacra à l'édition des anciens auteurs et notamment à celle du N. Test. une attention et des ſoins, qui en font encore rechercher avidément de nós jours les éditions. Elles ſont ſur tout recommandables par la netteté des caractères grecs, que les modernes auront peine à ſurpaſſer (1). Au XVIIe ſiècle leur ſociété fit la gloire de leur pays, et cela tandis que pluſieurs de leurs confrères ſe conſumaient dans d'obscurs travaux ; comme Borculo à *Utrecht* et la famille de Scheffer à Bois-le-Duc : l'un ſeulement remarquable pour avoir fondé une imprimerie qui ſubſiſta environ 200 ans dans la même maiſon, et l'autre pour avoir pareillement conſervé dans ſa poſtérité durant une ſucceſſion non interrompue de 282 ans l'art que leur ayeul P. Schoeffer apprit chez Jean Fust (2).

Si

din, *Deſcription des Pays-Bas*, imprimée, chez C. Plantin *Anvers*, 1582. fol. p. 170.

(1) Voyez *Notice ſur les imprimeurs de la famille des* Elzeviers par M. Adry dans le *Magazin Encyclopédique; Août* et *Sept.* 1806. et *Biograph. Univerſ.* ad voc.

(2) L'imprimerie de Scheffer ſubſiſta dans la même maiſon dans le Kerkſtraat à *Bois - le - Duc*, depuis 1540-1796. Voyez la notice de M. Ackersdyk dans

un

Si les Pays-Bas nommaient avec orgueil leur Plantin, la France ofe en citer plufieurs qui le cédèrent peut-être en magnificence, mais non en activité. La littérature ancienne et la critique excitaient alors dans ce Royaume un intérêt qu'elles y perdirent bien certainement dans la fuite. Jean et Francois Frellon de *Lyon*, chez qui le malheureux M.'Servet, dégouté de *Paris* par les querelles qu'il eut à y foutenir contre les médecins, trouva un afile comme correcteur (1). Gilles Gourmond, dont les presfes multiplièrent dans la capitale de la France les 1res éditions des livres grecs et hébreux (2), et Sébastien Gryphe, de *Lyon*, qui publia à peu près 300 ouvrages en grec et en hébreu (3); — tous ces infatigables artistes auraient mérité le premier rang dans leur patrie, s'ils n'eusfent été bientôt effacés par le *praelum Ascenfianum* et par les Estiennes.

Jos-

un Journal Hollandois (*Vaderl. Letteroeffeningen*) Mai, 1817. p. 279.

(1) Un des livres les plus remarquables des Frellon est leur édition du N. Test. 1553. 12mo, citée par Mattaire; la bizarrerie des gravures la fait rechercher; le Diable y est repréfenté en habit *monacal* avec des pieds fourchus.

(2) Il mourut en 1820. On a de lui la Grammaire de Chryfoloras et une Grammaire Hébraïque, toutes deux de l'an 1508.

(3) Voyez en le Catalogue, chez Mattaire, l. c.

T. 2.

Josfe Badius, furnommé *Ascenfius*, du village *d'Asfche* près de *Bruxelles*, où il vit le jour, en 1462, attiré par Rob. Gaguin à *Paris*, y monta ce fameux *praelum*, d'où l'on vit fortir une foule de clasfiques pourvus de fes notes, trop peu confultées de nos jours, quoique remplies d'une érudition folide. Il est asfez curieux qu'il ait attribué à L. Koster l'invention de l'art dans la préface *ad Occami Dialogos*, 1494. Ses trois filles époufèrent chacune un imprimeur, elles conciliaient autant par leur propre favoir, que par celui de leurs époux un grand crédit au négoce de leur père (1). L'une d'entr'elles Pétronille, très favante puisqu'elle enfeignait le latin à fes domestiques, époufa Robert Estienne I. Cette alliance confondit les deux maifons, et la fit furvivre dans la longue fuccesfion d'hommes extraordinaires que préfente la famille des Estienne.

Pendant tout le XVIe fiècle leurs foins contribuèrent beaucoup aux progrès des lettres en France. Le Préfident de Thou dit que la France et le monde Chrêtien leur doivent plus de reconnaisfance qu'aux plus grands Capitaines Le Chef de cette maifon fut Henri Estienne dont la devife était *plus olei quam vini*. Son fils déploya comme littérateur une rare activité. Ses notes,

fes

____

(1) Voyez l. c. et *Biogr. Unirerfelle*, Paris 1813. ad voc. Badius.

fes préfaces fur les clasſiques font toutes pleines d'intérêt. Que n'aurait-il pas entrepris, ſi des perſécutions religieuſes n'eusſent empoiſonné ſes jours ? On ſait que malgré ſa vie errante et inquiête il ne ſe laisſait pas détourner de ſes travaux. Il n'est pas douteux qn'il ne ſoit le premier qui ait diviſé (1) le N. Test. en verſets, pendant ſes voyages à cheval. Ce fait est hautement avoué par ſon fils (2). C'est ſpécialement ſur le N. T. qu'il exerça ſes veilles et ſes travaux. — Des 5 éditions qu'on lui en doit, celle de l'année 1546 n'avait que 12 fautes; dans celle de 1549 il n'en restait plus que 4 (3), qu'il corrigea dans celle de 1550 regardée communément comme le plus beau livre grec qui ait jamais été imprimé (4). Pour la première fois on y trouva des variantes et d'autres

ſe-

(1) Les auteurs de la *Biogr. Univerſelle*, T. 13. p. 388, et T. 21. p. 43, asſurent le contraire, probablement ſur l'autorité de P. Marchand, *Diction. Hiſtor.* 1758. Art Estienne (Roben).

(2) Voici les termes de H. Estienne dans la préf. de la concordance de 1600 ap. Paul Stephanum. ,, R. Stephannus parens meus Lutetiâ Lugdunum ,, petens capitis cujnsque catacopen in verſiculos con- ,, fecit, et quidem magnam ejus inter equitandum par- ,, tem "

(3) Elle est connue ſous le nom de *Mirificam*, à cauſe des premiers mots de la préface.

(4 Voyez cependant ce qu'en dit Olearius, *ad Matth.* p. 130.

fecours pour la critique. Quelle tête et quel courage réunis dans un feul homme! puisqu'il joignit
à ces preuves de fon infatigable perfévérance différens dictionnaires, et entr'autres le fameux *Thefaurus
Ling. Lat.* 2 vol. in folio, et la Concordance du N.
T. ouvrages qui de nos jours auront des admirateurs,
mais difficilement un feul imitateur. A la fois auteur, fondeur de caractères, imprimeur et correcteur R o b e r t E s t i e n n e, de même que fes fils
C h a r l e s, P a u l et H e n r i IId. continuèrent jusqu'au commencement du XVIIe Se de rendre des
fervices éclatans à la faine littérature. Le dernier
voyagea par toute *l'Italie*, *l'Angleterre*, les Pays-
Bas, vifitant les bibliothèques et les manufcrits,
et en rapportant une ample moisfon pour les éditions des Clasfiques publiées par fes foins. Un
nombre immenfe de poëtes, d'orateurs et d'hiftoriens
grecs fortit de fes ateliers. Il fut pour l'antiquité
grecque ce que les *Aldes* furent principalement
pour les ouvrages des Latins (1).

Les E s t i e n n e s fondèrent à peu près une école
comme artistes et littérateurs.

S i m o n de C o l i n e s et H e n r i C o m m e l i n
leur dûrent une partie de leur fuccès. L'imprimerie royale de France, fondée en 1531, eut R o-
b e r t E s t i e n n e pour chef en 1539; fes foins
don-

____

(1) Voyez *Hifloria Stephanorum* par M a t t a i r e, *Lon-
dini*, 1709, 8vo.

donnèrent à cet établisfement l'impulfion honorable, qui en fit jusqu'à préfent une inftitution plus utile pour les arts, que ne le font ordinairement les imprimeries d'Etat. Claude Garamond grava fur les desfins d'Ange Vergèce de l'Isle de Candie, écrivain royal de François I ʳ, les trois fortes de caractères grecs, nos modéles jusqu'à ce jour, et que Dubois-Laverne utilifa en 1796 pour l'édition des oeuvres de Xenophon (1).

Sans *l'Italie*, la France n'aurait point ici eu de rivale, mais elle en avait emprunté une partie de fes fuccès, elle continua de lui rester inférieure fous le rapport de l'originalité et du génie. En France la littérature clasfique dominait principalement ; à fa culture fe rapportaient les efforts du favant et de l'imprimeur. En *Italie* l'hiftoire ancienne et moderne, l'éloquence et fur-tout la poëfie devenaient riches en chefs-d'oeuvres originaux, et chez eux l'étude des ouvrages de leurs illustres ancêtres était confidérée comme un moyen et non comme un but. D'ailleurs cette contrée divifée entre plufieurs Maîtres, ouvrait toujours quelqu'afyle à des opinions profcrites ailleurs : divers pays ignoraient encore, il est vrai, la tyrannie de la cenfure ; néanmoins la crainte retenait les esprits en *France*, en

Al-

(2) Les poinçons de Garamond ont bravé trois fiécles, et dépofés à la chambre des comptes, ils ont heureufement traverfé l'incendie révolutionnaire. Voyez *Biogr. Univ.* ad v. Garamond.

Allemagne, en *Espagne* et en *Angleterre*. Là le fanatisme religieux et politique paralyfait les élans du génie ; en *Italie* fon fceptre de plomb était brifé ou rendu impuisfant partout où l'influence des Médicis régnait, partout où leur exemple avait fait des disciples.

A *Florence*, les Médicis jettèrent les fondemens d'une typographie orientale, les imprimeries ordinaires étant asfez encouragées et foutenues par l'ardeur littéraire des particuliers. Ces Princes n'épargnèrent rien pour y attirer les artistes, entr'autres Robert Granjon, habile fondeur et graveur de caractères. Il quitta l'atelier de *Dominique* Basfa, typographe *Arabe* à *Rome*, et vint, fur l'invitation du Cardinal Ferdinand de Médicis, loger à fa cour. Outre 10 écus par mois, on lui payait un écu d'or pour chaque lettre, dont il gravait le poinçon en acier. Le Pape Grégoire XIII. achetait fes alphabets pour 300 écus chacun, et défendit fous des peines févères l'exportation de fes [poinçons (1). La dépenfe que firent les Médicis pour l'entretien de leur typographie orientale fe monta en tout à 40,000 écus. Elle publia *Aviçenne*, en *Arabe*, 2 éditions des Evangiles, 4 vol. in folio, l'une toute *Arabe*, l'autre avec une verfion interlinéaire. Après trois fiècles on furpasferait difficilement

(1) Voyez Lairius, *Specimen Hift. typogr. Romane*, S. XV

ment la netteté des caractères: encore moins trou-
vera - t - on des entrepreneurs pour des éditions
ausfi dispendieufes.

Nous pasfons rapidement fur d'autres, comme:
*l'imprimerie du palais épiscopal de l'Evêque Giber-
ti, à Vérone* (1) où une réunion de favans était
penfionnée pour revoir les épreuves des ouvrages
des Peres Grecs, auxquels cet établisfement était
destiné; — Corneille et David Bomberg,
dont les travaux pour les trois belles éditions de
l'Ancien Test. Hébreu, absforbèrent tout leur tems,
et leur coûtèrent, dit · on, une dépenfe de plus de
quatre millions d'or. (2) — P. Porus (3) de Milan, éditeur d'une Polyglotte antérieure à celle du
Cardinal Ximènes, &c. Les annales de la bibliographie citent comme plus remarquable encore l'inftitut des Juntes, qui, transporté de *Lyon* à *Rome*, à *Florence* et à *Venife* laisfa partout des traces
de leur fécondité littéraire. Ils étaient déjà connus à
Venife depuis 1491. Léon X donna à Philippe
Junta un privilège de 10 ans pour les auteurs grecs
ou latins, fous peine d'excommunication contre
les contrefacteurs. Un incendie ravagea l'imprimerie

(1) Tirabofchi, *Storia della Letteratura Italiana*,
Roma 1784. T. VIII. p. 1. p. 285. (4to).

(2) Rosfi, *Annales Hebraeo typogr.*, §. 31. fq. *En-
cyclopeaie*, T. VIII. p. 568.

(3) *Pfalt. Polyglotton Graec. Arabic. Chald. cum tri-
bus Lat. interpret.*, 1516.

rie des Juntes a *Venife*, mais l'atelier fut remonté, et exista à *Venife* au moins jusqu'en 1642 — Bernard Giunta (*Junta* ou ausfi *de Zunta*) fut feul de fa famille plus que fimple artiste. Comme littérateur il exploita les mines de l'antiquité, et les productions de fa presfe confervent une valeur durable (1).

Leur maifon tint le fecond rang en *Italie* parce qu'on y posfédait encore les Aldes. Dans la maifon d'Alde l'ancien s'asfemblait à des jours fixes une réunion connue fous le nom *d'Aldi Néoacademia*. Erasme, Pic de la Mirandole, et d'autres favans de cette trempe s'honoraient d'y paraître. On y discutait les notes, les préfaces et les manufcrits auxquels Alde appliquait fon art. La mort du chef, en 1515, ralentit les travaux de leur Inftitut; des querelles domestiques et littéraires en traversèrent le fuccès, jusqu'à ce que Paul Manuce, fon fils, âgé feulement de 21 ans, eût rouvert l'atelier en 1533. Grand admirateur de Ciceron, il parcourut les anciennes bibliothèques afin de compléter les lacunes de fes manuscrits. Son asfiduité pousfa l'édition des oeuvres du philofophe romain jusqu'à ne permettre qu'un très petit nombre d'additions aux éditeurs qui le fuivirent. Les

hon-

(‡) Saxii, *Onomast.* T. 3. p. 10. 58 et 587. A. M. Bandini, *de Florentina Juntarum typogrphia ejusque cenforibus, Lucques* 1791. T. 2. 8vo. Tirabofchi, T. 7. p. 1. p. 190.

hónneurs s'accumulèrent fur fa perfonne. Annobli par Maximilien II (1), penfionné par Pie IV, pour venir s'établir dans le Capitole à *Rome*, il fut cependant loin d'enrichir fa famille., puisque fon fils *Alde, dit le Jeune* (2), homme d'un grand génie, chercha envain les fonds nécesfaires pour transporter fa bibliothèque à *Rome*. Clement VIII. lui donna la direction de l'imprimerie du Vatican, et il continua celle de *Venife* quelques années avant fa mort, qui arriva en 159♂. Sa bibliothèque forte de 80,000 volumes fut léguée à un héritier qui a disperfé cette intéresfante collection.

En Suisfe, les Frobens fuivaient l'utile impulfion qu'Erasme leur communiquait; *Sigismond Gelenius*, leur ami commun, fameux par fes conjectures ingénieufes pour rétablir le texte des Pères Grecs, était l'ornement de leur atelier. Peut-être ausfi favans que les Aldes, fans doute moins habiles dans l'art du négoce, leurs fpéculations mercantiles ne furent pas très heureufes. Erasme leur reproche d'avoir la fimplicité des colombes, fans avoir la prudence des ferpens (3). — En le nommant

<hr>

(1) Le Diplôme est rapporté par Renouard, *Supplément aux Annales des Aldes*, p. 98.

(2) Il fut un génie très précoce, mais fa probité parait fufpecte. Renouard, *Ann.*, T. 2. p. 113.

(3) Erasme, dans fes *Adages* laisfa un touchant monument de leur liaifon commune dans fa *préface* et *Chil. II. Cent.* 1. Col. 393. — Voyez fur *Froben,*
S'a-

mant je termine le réfumé des typographies dignes
d'attention durant ce fiècle.

En *Allemagne*, les fciences n'étaient quà leur
aurore. La Bavière entr'autres ne connut le nouvel
art que vers le commencement de ce fiècle (1).
Les foires de F r a n c f o r t étaient dès l'an 1500 en-
combrées de productions étrangères; on en publia
la première fois un Catalogue en 1570 (2). C'é-
tait un amas d'ouvrages fuperftitieux ; très peu faifaient honneur à la librairie germanique; on y cherchait
en vain ces affociations entre les artistes et les littérateurs, qui ailleurs devenaient autant de phares
lumineux pour la République des lettres. A n t o n
K o b u r g e r, à *Neuremberg*, s'acquit une grande
célébrité par la prodigieufe extenfion de fon commerce (3) Son collégue Badius Ascenfius l'appelle
le *Prince des libraires* (4). Les W e c h e l, de *Francfort*, furent avantageufement connus par la correc-
rection que leur infatigable ami J u n g e r m a n donnait
à leurs éditions, et H a n s f e n *Schönsperger* par la fin-
gulière fomptuofité de fon *Theuerdanck*, poëme allé-
go-

S a x i u s, *Onom. Lit.* T. 3. p. 10. et M a t t a i r e, l. c.
T. 1. p. 221.

(1) J. C. v o n A r e t i n, *von dem älteften Denkmäh-
lern der Buchdruckerkunst in Bayern*, (Munchen 1801.)

(2) W o l f, *Monum.* T. 1. p. 760. et fuiv.

(3) Il avait 24 presfes, cent imprimeurs et 16 villes
de dépôt; outre un atelier complet à *Lyon*. A r e t i n,
Abhandlung, l. c. p. 30. Il mourut en 1513.

(4) *In praefat. ad Epistol. Illustr. Vir.* 1499.

E

gorique relatif au mariage de l'Empereur Maximilien Ier avec Marie de Bourgogne (1).

L'Espagne gémisfait fous le double despotisme de l'Inquifition et du foupçonneux Philippe II. Dans une loi du 7_e Sept. 1558, il décréta la peine de mort et la confiscation des biens contre ceux qui auraient vendu, acheté, gardé ou lû des livres prohibés par le Saint Office (2).

Ausfi dans une contrée, qui par fa pofition, fon opulence et fa prépondérance politique eut dû être le centre de l'activité littéraire, on ne faurait citer qu'un feul ouvrage marquant, favoir la *Polyglotte*, dite de *Complutes*, imprimée à Alcala par G. de Brocario aux fraix du Cardinal Ximènes, à qui elle coûta environ 50,000 rixdalers d'or; encore cette édition, commencée en 1514 n'ofa être mifé en vente qu'en 1520. Il fallut un ordre exprès de Léon X. pour

en

(1) L'impresfion est de 1517, les caractères font ornés de traits calligraphiés et cela dans quelques exemplaires avec une bizarre réunion de couleurs. Aretin confidére cet ouvrage comme le comble de l'art. V. *Probe, zur einer bibliograph. wörterbuch von* J. Ebert, *Altenburg* 1817. p 4.

(2) Loi 24 Tit. VIII. Livre 1. du recueil de Castille. En 1583. le Prof. *de Cantalapiedra* fut proscrit pour avoir fait fentir dans un de ces ouvrages qu'il fallait préférer la lecture du texte facré à celle des interprêtes. Il dut fe foumettre à une pénitence de ne plus rien écrire de fa vie. Llorente. *Hift. de l'Inq.* T. 2. p. 433. Cet hiftorien s'attache à prouver que le nombre des Auteurs perfécués par l'Inquifition s'élève à 119.

en permettre la distribution, autrement le St. Office eut réusſi à la ſupprimer (1).

Le même esprit avait paſſé en *Angleterre*: les disſentions civiles et religieuſes de ce pays provoquèrent à diverſes repriſes de violentes perſécutions contre les bibliothèques et les imprimeurs. Les ouvrages de littérature et ceux de géometrie et d'astronomie, les premiers comme inutiles, les ſeconds comme infectés de magie, n'échapèrent point à la proſcription que les courtiſans d'Edouard VI firent exécuter généralement. Richard Grafton laborieux typographe de ce ſiècle fut empriſonné par Henri VIII pour la publication d'une Bible ſans notes. Eliſabeth défendit d'imprimer ailleurs qu'à *Londres*, *Oxford* et *Cambridge*. Jaques Iᵉʳ, encore plus prudent, interdit l'impresſion de tout livre ſans la permisſion des Archevêques de Cantorbury et d'York, de l'Evêque de *Londres*, ou du Vice-chancelier de l'une des deux Univerſités (2).

La cenſure était d'ailleurs en vogue dans tout le nord de *l'Europe*. On s'en plaignait amèrement vers le milieu du ſiècle (2). En *Danemarc*, les ma-

(1) *Biograph. Univerſ.* ad v. *Brocario.* Le Pape Léon X. fixa le prix de chaque exemplaire à 6 ducats et demi.

(2) Millot, *Hiſt. d'Anglet*, T. 2. p. 122.

(3) *Matthaeus Judex* ap. Wolf, *Monum. typogr.* T. I. p. 72.

E 2

magiſtrats ſe l'arrogeaient ; on eut préféré de la voir entre les mains du clergé. Dans les contrées où on ne la connaiſſait pas, comme en *Suisſe* et dans une partie de *l'Italie* et de *l'Allemagne*, les ſavans ſollicitaient imprudemment, qu'on mît des entraves à la liberté de la preſſe, prévoyant peu que le remède ſerait pire que le mal (1).

Ces entraves dévancèrent bientôt les voeux des littérateurs. Vers le commencement du XVIe ſiècle on établit un Surintendant général de la librairie pour tout l'Empire Germanique Les imprimeurs étaient obligés par ſerment à la plus grande fidélité dans l'exécution de leurs ouvrages, et ſurtout à une ſoumiſſion implicite aux cenſeurs de l'Etat (2).

Dès l'an 1518, on publia dans le même ſens des lois pour les Pays Bas. L'Univerſité de Louvain ſe hâta de lancer cette année-là un arrêt de proſcription contre les livres de L u t h e r. Renouvellée en 1521, cette défenſe menaçait de la peine de mort quiconque

pu-

(1) E r a s m e est de ce nombre dans ſes *Adages* l. c. p. 391. A. F r i t z ſc h, (*de ab. typogr. tollend.*) ap. W o l f, l. c. T. 2. 503, gémit de ce qu'en *Allemagne* les carrefours et les places publiques étaient inondées d'annonces de libelles, de pasquinades et d'ouvrages contre la religion &c.

(2) En 1479 on ſoumit déjà à *Cologne* les livres à la cenſure. Le plus ancien édit de cenſure fut publié par l'Archevêque de *Mayence*, B e r t o l d, en 1486. Le premier Surintendant fut J a c o b O e s l e r, de *Strasbourg.* B u ſ c h, *Handb. der Erf.* l. c. T. 2. p. 374.

publierait, par la voie de l'impresſion, un ouvrage traitant des matières de foi, ſans y être auſoriſé. Les prohibitions n'exceptèrent bientôt aucun livre ; et quoique les États de Hollande fusſent ſur ce ſujet plus ſévères dans leurs lois que l'Empereur *Charles* V lui même, il parait qu'on y obéiſſait faiblement. Il fallut renouveller fréquemment les mêmes lois ; on alla jusqu'à ordonner une viſite deux fois par an dans les boutiques des libraires pour y procéder à l'inventaire des livres. Dans une loi de 1570, il est parlé d'un Chef de la librairie (Hoofdprinter) chargé de la ſurveillance la plus illimitée ſur tout ouvrage littéraire (1). De pareilles précautions ne ſatisfirent pas encore aſſez ; le Duc d'Albe dut recourir en 1569 à des meſures moins lentes. Il fit brûler publiquement tous les livres des Bays-Bas que ſa fureur anti-littéraire put découvrir (2). La chute de ſon pouvoir amena celle des lois qu'il avait extorquées.

La Cour de *Rome* avait protégé jusqu'au commencement du XVIe ſiècle la libre circulation des opinions. Le ſeul Alexandre VI publia, le 1 Juin 1501, le premier Bref de cenſure. La réforme changea le ſyſtême des Pontifes. Paul III fit rédiger

par

____

(1) Une liste de ces lois ſe lit chez F. de Gyfelaar, *Diſſ. hiſt. jurid. de libertate preli*, L. B. 1818, p. 46. ſuiv.

(2) Natalis Comes, *Hiſtoria temporis ſui*, Venet. 1481, p. 430.

E 3

par Jean della Casa le premier Catalogue de livres prohibés, devenu si fameux sous le nom *d'Index librorum prohibitorum* (1). Son successeur Paul IV alla plus loin. Il fit brûler tous les livres dont on condamnait ou suspectait le contenu. Toutes les oeuvres d'Erasme, sans excepter son édition de S. Jérôme, furent livrées aux flammes. La Bible même ne fut pas respectée: un témoin oculaire du tems rapporte que des licteurs publics en firent des auto - da - fés (2).

Il faut lire chez les auteurs de ce siècle les plaintes amères que ces barbares exécutions faisaient naître. Leur rigueur ruinait le commerce de la librairie, flétrissait les gens de lettres, et menaçait de replonger *l'Europe* dans la barbarie d'où elle commençait à peine de sortir (3). On comparait ce fléau à l'incendie de Troie, puisqu'il faisait disparaître des Bibliothèques entières (4).

Heureusement, dans la suite, il ne fut pas au pouvoir de l'autorité Ecclésiastique d'en agir aussi

fé-

(1) Ce premier Index a été conservé par Wolf *Lection. Memorabil.* T. 2. p. 692. Paul III. mourut en 1549. Les auteurs tels que Mosheim et Venema, qui font remonter l'origine de l'Index à l'an 1559, se trompent donc décidément.

(2) Ap. Joh. Lomeier, *de Bibliothecis,* Zutph. 1669. 12mo p. 321.

(3) Quelques unes de ces plaintes ont été recueillies par les auteurs de la *Biblioth. des Sciences et des beaux Arts,* (la Haye 1762.) T. 18. p. 2. p. 378.

(4) Natalis Comes, l. c. p. 263.

févérement pour chaque ouvrage noté fur *l'Index*, et le titre feul continua d'être menaçant.

Un autre fléau, d'un nouveau genre, frappa dès l'origine l'industrie typographique. Les contrefaçons enlevaient aux libraires une partie confidérable des profits. L'escroquerie était du tems des *Aldes* pousfée à une indécence bien fcandaleufe, puisque non contents de contrefaire leurs imprimés dès après leur publication, les libraires de *Lyon* vendaient fous le nom et avec la dévife des Aldes des éditions tronquées et fautives. Alde l'ancien fut obligé de publier diverfes fois le Catalogue de fes ouvrages afin de faciliter la découverte des fraudes (1).

La concesfion des privilèges déjà en ufage dans le fiècle précédent (2) le devint davantage au XVIᵉ. On a un bref de Léon X, dans lequel il confie l'impresfion de Tacite à un certain Beroald, et où il prononce contre les contrefacteurs la peine d'excommunication, *latae fententiae*, une amende de 200 ducats et la confiscation de l'ouvrage. Un imprimeur encourut ces peines et fut obligé de transiger avec Beroald (3).

La librairie de *France* eut recours au même moyen pour s'asfurer la propriété des éditions depuis l'an 1507.

(1) Renouard, T. 2. p. 16 et 207.

(2) Il en fut délivré un à Venife en 1469. Panzer, *Annal.* T. 3. p 62.

(3) *Biograph. Univerf.* Art. Léon X.

1507. Les privilèges furent généralement en vogue en *Europe*, jusqu'à ce que les progrès de la législation moderne en eussent modifié l'usage dans plusieurs pays. (1)

La multiplication des livres continua d'être prodigieuse au XVI siècle. Erasme déclare dans une de ses lettres que l'édition de ses Colloques fut portée par Simon de *Colines* en 1526 à 24,000 exemplaires. Or, en ne prenant pour terme moyen des éditions que mille exemplaires, on aura imprimé durant les 36 premières années du XVI. siècle dix sept millions sept cent soixante dix neuf-exemplaires, le nombre des éditions étant ou paraisfant être de 17,779. (2)

Pour donner une idée générale des moeurs et du commerce des imprimeurs au XVe et XVIe siècles nous terminons cette partie de notre mémoire par les vers fuivans, où Bergellanus, cité plus haut, fait une peinture naïve du fort de la typographie de son tems (3).

> Sic quaestûs ftudio nunc quisque typographus atque
> Bibliopola libros vendit emitque novos,

Nec

---

(1) Busch, l. c. p. 377. Ce point historique est plus amplement détaillé par Beckmann, *Beyträge zur gefch. der erfindungen*, T. I. p. 85.-94.

(2) *Journal des Savans*, Mars 1819.

(3) Bergellanus, *de Chalcogr. inventione ap.* Marchand, *Hift. de l'imp.*, T. 2. p. 28.

Nec curae est ulli, quà fit arte politus,
   Foenoris at fructus fpectat avara cohors:
Sunt quibus ingenii dotes natura negavit
   Et fteriles merces junxit A p o l l o quibus:
Hi negligunt fancti quidquid veneranda vetustas
   Prodidit, effingit normam ea turba novam.
Quidquid et his offert furor atque licentia pasfim
   Exponunt populo faepe legenda rudi.
Fabricat hic nugas, hic rixas feminat atras,
   Spargit et in vulgus quam vomit ipfe luem.
Hos non dexteritas, nummi fed cura dolofi
   Allicent, ut tractent munera Pieridum.
Infignes titulos alius praefigere gaudet
   Atque tibi imponit nomine faepe novo:
Nescio quos auri montes promittere geftit,
   Mentem fed fallunt aurea dicta tua;
Pluraque nunnumquam promittit fronte libelli
   Quam quae vix ingens bibliotheca daret.

SE.

SECONDE PARTIE.

*Influence de l'imprimerie sur les lumières
de l'espèce humaine.*

Réflexions préliminaires.

Nul art, qui aît donc occupé plus de mains et de têtes ! Nul art, furtout, qui, dès fon origine, aît été cultivé et perfectionné par autant d'hommes distingués. Il en réfulte déjà un préjugé asfez favorable pour fon influence fur les lumières. Un enthoufiasme fans exemple fe déclara en faveur de cette invention, et en maintint l'ufage durant près de quatre fiècles, fans que la mode ou l'inconftance du goût en aît jamais interrompu l'emploi.

La discusfion de cette partie de notre mémoire exigera quelques précautions. Il ferait facile de prouver combien la masfe des lumières s'accrût depuis le XVe fiècle. Un élan nouveau s'empara des esprits à cette époque. Arts, fciences, religion, inventions, tout fubit une révolution frappante à laquelle plufieurs découvertes concoururent à la fois : celle du nouveau - monde, des armes à feu, de la poudre à canon, de la boussole, de la gravure &c. L'augmentation des connaisfances au XVe et XVI

fiè-

fiècles a eu lieu indépendamment de la typographie :
c'est un principe à retenir dans la fuite de ce Mémoire.

Esfayons en conféquence de féparer rigoureufement
les effets, qui tiendraient à des caufes concomi-
tantes on antérieures.

CHAPITRE Ier.

L'imprimerie afyle - conferyateur des lumières au XVᵉ fiècle.

Avant l'invention de l'imprimerie, la transfcription était le feul moyen de fuppléer à l'infuffifance
de la tradition orale. L'écriture fut d'un grand fecours pour la civilifation ; elle liait le pasfé au
préfent ; elle donnait une forme fixe aux fons articulés,
et foulageant la mémoire empêchait la tradition de
s'éteindre on de fuccomber fous la foule des faits.

Malgré ces avantages, il est conftant, qu'avec la
décadence des lettres l'art d'écrire tomba en défuétude L'esprit chevaleresque, qui s'empara alors de
la plûpart des clasfes de la fociété, s'indignait de
la minutieufe contention, à la quelle l'écrivain doit
s'astreindre. L'ufage en diminua à tel point en
dépit des canons, des Conciles et des Décrets des
Empereurs, qu'il n'était pas rare, de rencontrer
parmi le Clergé et à la tête des tribunaux des perfonnes qui ne favaient ni lire ni écrire. Je n'avance là rien de nouveau ; mais le fait doit être bien
cer-

certain, puisque Pétrarque étant à Liège, en
1329, trouva difficilement un peu d'encre pour copier un manufcrit qu'il venait de déterrer avec peine (1).

Les Couvens étaient les feuls Confervatoires des
fciences. Divers ordres, tels que les Bénédic-
tins, les Cisterciens et les religieux de Clugny
s'étaient autrefois appliqué de préférence à l'agricul-
ture: au XIe et XIIe fiècle on vit ceux d'entre leurs
moines qui étaient débiles et incapables de fuffire
aux fatigues corporelles, devenir écrivains par nécesfité (2). Ils firent revivre la calligraphie. Leurs
confrères les imitèrent par goût ou par paresfe; et

au

(1) Petrarchae, *rerum fenilium*, Epist. I. p. 948.
„ Et ut rideas, in tam bonâ civitate barbarica atramen-
„ ti aliquid, et id croco fimillimum reperire, magnus
„ labor fuit."

(2) Denina, *Revoluzioni d'Italia*, T. 2. p. 185.
Souvent on leur ordonnait comme une pénitence de
copier quelque grand clasfique. Eichorn, *Gefchichte der Kultur und Litteratur*, T. 3. 336. On lit que,
dans le onzième fiècle, l'Abbaye de St. Bénoît-fur-
Loire comptait plus de 5000 écoliers, tant religieux
qu'externes, et que l'Abbé Abbon exigeait de chaque
élève deux volumes, par forme d'honoraires. Voyez
Roquefort-Flaméricourt, *de l'état de la Poéfie
Françaife dans les XII et XIIIe fiècles*, Paris 1815. p. 15.
Cet excellent ouvrage, couronné par la clasfe d'histoire et de littérature ancienne de l'Inftitut de France,
renferme plufieurs autres détails de cette nature, tirés
de l'histoire littéraire du moyen-âge.

au XIIe fiècle l'école de Chartres ainfi que les Frères de la vie commune rendirent, comme on l'a remarqué plus haut, des fervices éminens à la poſtérité par leurs transfcriptions.

Les points lumineux que ces bons religieux aidèrent à disféminer allumèrent un embrafement très funeste à leurs Inftituts. La réforme parut Elle détruifit un très grand nombre de Cloitres ; et il est difficile de déterminer au juste le mal que leur disparition aurait fait aux fciences, fi à une époque auffi critique la découverte de l'imprimerie n'était venue foutenir la civilifation européenne.

Un demi fiècle plus tôt ou plus tard, elle n'aurait pas apporté d'auffi grands avantages aux lumières. Peu avant fon apparition, on avait réuni par des recherches entreprifes avec une forte de fanatisme (1) à peu près tous les manufcrits, que le torrent du moyen-âge avait épargnés. Si cette invention avait eu lieu quelques années plutôt, on n'aurait pas mis autant de zèle à déterrer de fimples copies. On les eut méprifées, pour leur préférer des productions typographiques. — Arrivant quelques années plus tard les presfes n'auraient pu fauver les manufcrits ; ou bien ils eusfent cesfé d'exis

(1) La découverte d'un manufcrit fe comparait (dit Tirabofchi, *Storia della Letteratura Ital.* T. VI. p. 1 p. 101.) à la conquête d'un Royaume. On en venait aux mains entre les villes ou les Etats, qui s'en disputaient la propriété.

xister; ou, dumoins, ils auraient été trop dégradés pour que l'impreſſion en eût été praticable. La conſervation des manuſcrits au moyen de copies écri-tes restait, en tous cas, asſujettie à de graves inconvéniens. La ſagacité de mes Lecteurs en aura ſans doute presſenti une partie.

On ne pouvait exiger d'un auteur, qu'il fît lui même pluſieurs copies de ſes oeuvres. Chez les anciens (1) des esclaves demeuraient chargés de ce ſoin. Leur travail était asſez dispendieux; n'a-vait-on pas de copistes, ou était-on dans l'impos-ſibilité d'en payer les frais; l'autographe ſe perdait, plus il était volumineux et par-là ſouvent précieux. Ainſi *l'Hexaple* d'Origène, production laborieuſe de 28 ans de recherches, disparut, parce qu'il était trop coûteux, ou trop difficile de transcrire d'ausſi longues colonnes. Pour rédiger l'orignal, Origène avait eu le ſecours de ſept tachygraphes, outre ſept copistes et pluſieurs esclaves femelles habiles dans la calligraphie (2). L'ouvrage, fort de 40 à 50 volumes, fut accueilli par tout avec beaucoup d'applau-disſemens. Chaque couvent s'empresſa de l'acqué-rir. On le nomma *Opus ecclefiae*, et pourtant tou-

tes

(1) On y employait quelquefois des femmes. Voyez pour la librairie des Anciens Joh. Nicol. Funccius, *de ſcripturâ veterum* (Marburg 1743. 12mo) p. 246. 248.

(2) Montfaucon, *Preliminaria in Hexapla Origenis*, I. C. 4. Paris. 1713.

tes ces précautions n'empêchèrent pas qu'au VII:
fiècle il n'eût fini d'exister (1). On fait que les
ouvrages de Tacite auraient fubi le même fort.
L'Empereur Tacite prétendait à l'honneur de l'a-
voir eu au nombre de fes ancêtres. En conféquence il ordonna de placer le livre de fon illustre
ayeul dans chaque bibliothéque publique, et d'en
faire annuellement dix copies aux frais de l'Etat.
Quoique de pareilles précautions femblasfent asfurer une forte d'immortalité aux ouvrages de Tacite, on ne ·les connaisfait plus du temps de
Léon X; et ce Pontife paya 500 pièces d'or une
copie asfez informe, réléguée jusque là dans le
coin d'un monastère (2).

Déjà chez les anciens l'incurie des esclaves-co-
pistes introduifait dans les livres de leurs maîtres
des variations très embarasfantes. Il était imposfible de revoir chaque copie. Les auteurs plaçaient
à la fin de leurs ouvrages des adjurations folen-
nelles, dont l'effet devait être de réprimer l'auda-
ce des écrivains: mais les fraudes n'en étaient ni
moins graves, ni moins fréquentes (3). Les pro-
prié-

(1) H. Prideaux, *Hiftoire des Juifs*, T. I. p.
384.

(2) J. Lomeier, *de Bibliothecis*, Zutph. 1669. 12mo
p. 182.

(3) Fabricius, *Biblioth Graec* L. V. c. 1. p. 74 et
fuiv. — Strabon rapporte la manière frauduleufe, dont
un certain Appellicon avait corrompu le texte d'A-
ris-

priétaires des manufcrits les détérioraient eux mêmes. L'ambition de paraître favant y faifait ajouter des glosfes. On interpolait, altérait, tron-
quait à volonté. Comme le nombre des copistes
augmenta beaucoup au moyen-âge par l'érection
de plufieurs Univerfités, une foule d'ignorans fe
mêlèrent du métier, et l'exercèrent avec une négli-
gence, qui faifait gémir Pétrarque, Colucius et
d'autres amis des lettres (1).

Dès que la destinée d'un ouvrage le portait à
être fouvent copié, il était par là-même condamné
à fubir des corruptions fans nombre. La calligraphie varie à chaque fiècle (2), ainfi les manufcrits devenaient de plus en plus illifibles. Pour peu qu'un
li-

---

ristote, jusqu'à ôter aux favans le courage de citer
l'autorité de ce Philofophe (Strabo, L. XIII. *Geograph.*
p. 419 cit. a Lomeier *de Biblioth.* p. 86). Martial
invoque l'indulgence de fes lecteurs en ces termes
(Lib. 2. Epigr. 8.)

> Si qua videbuntur chartis tibi, Lector, in istis
>   Sive obscura nimis, five Latina parum;
> Non meus est error, nocuit librarius illis,
>   Dum properat verfûs annumerare tibi.

(1) A Bologne, les femmes étaient copistes. Leur
ouvrage n'égalait pas à beaucoup près celui des Couvens. On leur attribue un grand nombre de manufcrits
gâtés. Tirabofchi, *Storia della Litteratura*, T.IV.
p. 72.

(2) A.J. Dorsch, *Philofophifche Gefchichte der Spra-
she und Schrift*, (Mayence 1791: 8vo) p. 130.

livre fut ancien il fallait très souvent renoncer à
son usage Outre la manie du XIII*. siècle d'écrire
en beaucoup de caractères différens (lettres Parisi-
ennes, Bolonaises, Anglaises, antiques Lombardes
Aretines &c. (1), les abbréviations apportaient un
nouveau tourment et bientôt un obstacle insurmon-
table.

Ces abbréviations continuent d'être la croix des
déchiffreurs de manuscrits (2). Les Conciles et les
Empereurs fulminèrent des proscriptions contre les
malheureux tironiens ou notaires, habitués à se
faciliter leur travail par l'emploi des abbréviations (3). Ces lois demeuraient sans exécution,

et

(1) Tirabofchi, ib T. IV. p 74.

(2) Les fraudes, auxquelles les abbréviations don-
naient lieu dans la Jurisprudence Romaine, sont ra-
contées avec un grand détail par Funccius, *de
Script. Veter.* p. 181. *Juste Lipse* a laissé une lettre in-
téressante sur leur usage chez les Anciens, *Epistolae
ad Belgas.* Cent. I. Ep. 27. Voyez aussi Morhof, *Po-
lyhist. Litter.* T. I. p. 725. Funccius, *de Virili aetate
Latinae linguae*, (Marburg 1727. 4to.) p. 280. Jac. van
Vaasfen, *de notis ac figlis veterum earumque abusu
en re Critica*, dans ses *Animadverf. Historico-criticae ad
Fastos Romanorum facros*; ed. Christoph. Saxe,
Trajecti ad Rh. 1785. (4to) p. 330. Le Jésuite Hugo
en faifait remonter l'origine jusqu'à David: il allégue
le Pf. XLV. vs. 2. Hugo, *de scripturâ veterum* ed.
C. H. Trotz, Traj. ad Rh. 1738. p. 187.

(3) *Justinien* les menace de la peine prononcée contre les faussaires, Lib. I. Cod. §. 17. *de vet. jure
enu.*

F

et les copies fe défiguraient de plus en plus, Pétrarque rencontra dans les couvens et dans de célèbres
Bibliothéques des manufcrits de C i c e r o n et de
T i t e L i v e, tellement corrompus, que ces auteurs
auraient rougi, dit-il, de fe reconnaître dans les
centons inintelligibles, qu'on vendait fous leurs
noms (1).

. Pour peu qu'on aît jamais exercé l'art de la critique fur quelque ancien auteur, on faura que les
manufcrits offrent de véritables étables d'Augias.

Plus

enucleando. Après être tombées en défuétude, les abbréviations reparurent au 9e et 10e. fiècle. L'abbé _Tri-
themius_ en publia un petit recueil _Libri Polygraphiae
VI._ (Argentorati 1613). Il raconte avoir acheté, en
1496, un Pfeautier Latin, écrit en abbréviations ou notes tironiennes, et qu'on faifait pasfer pour un ouvrage en langue Arméniennne, ib. p. 47 et 600. Si l'on
veut fe faire une idée des inconvéniens qu'entrainaient
les abbréviations du moyen-àge, il faut confulter l'ouvrage du laborieux P. C a r p e n t i e r, Bénédictin,
_Alphabetum Tironianum feu notas tironis explicandi me-
thodus_, (Lutetiae 1747. fol.). Après un immenfe travail il parvint à déchiffrer une collection de Chartes
de L o u i s l e D é b o n n a i r e, roi de France. Sa collection dej notes est à tous égards préférable à celle
que G r u t e r a publiée.

(1) „ Quis fcriptorum infcitiae medebitur inertiaeque :
„ corrumpuntur omnia ac miscentur. „ Non, fi redeat
„ C i c e r o aut L i v i u s, ante omnes P l i n i u s fecundus,
„ fua fcripta relegentes, intelligent." l. cit ap. H e e r e n,
Gefchichte der Studium der Clasfifche Litteratur, T. I.
p. 304.

Plus ils fe rapprochent du tems où l'imprimerie
parut, moins ils ont de valeur par les prodigieu-
fes erreurs dont ils fourmillent. Auffi Pétrarque,
auquel nous aimons à revenir, prédifait hautement
la prochaine disparition des monumens de l'antiquité. Il avait lu des ouvrages de V a r r o n et de Ci-
c e r o n (1), dont il lui fut impoffible de retrouver
enfuite les fragmens, et que perfonne ne rencontra
après lui. Les deux ouvrages, fur lesquels la théologie et la jurisprudence moderne fe fondent,
auraient difficilement fupporté encore deux fiècles
de tranfcription, fans fuccomber bientôt fous les
intercalations, les conjectures, les foi-difantes cor-
rections de leurs ignares copistes.

Lors même que les productions littéraires euffent
refifté à cette force destructive, réduites à un très
petit nombre d'exemplaires, elles étaient toujours
fujettes à disparaître par un de ces accidens qui
font hors de la portée des auteurs, des copistes
et des propriétaires. L'incendie d'une feule bibliothèque, le pillage d'une ville anéantisfait d'un coup
le fruit de plufieurs années de veilles et de foins, —
fouvent des étincelles de génie, qui ne frapperont
jamais plus les regards de l'ami des fciences. Voici quelques exemples de ces calamités littéraires.

Au Ve fiècle, *Conftantinople* vit périr par un
incendie la fameufe bibliothèque, forte de 120,000
vo-

<hr>

(1) Par ex. le livre de C i c e r o n, *de Gloria.*

volumes, placée dans la *Bafilique* fondée par Con-
ftantin (1). Deux fiècles plus tard, les troubles des provinces Romaines avaient tellement diminué le nombre des livres depuis le pillage des
bibliothèques publiques, que le Pape Martin I.
dût prier l'Evêque de *Mastricht*, St. Amand, de
lui envoyer s'il était poffible quelques manufcrits
de fon pays pour fubvenir au manque complet de
livres dans la Bibliothèque Papale (2). Pépin de-
firant acquérir une collection de livres, s'addres-
fa à Paul I. Malgré fon attention à le fervir, ce
Pontife dut fe borner à lui envoyer quelques vieil-
les liturgies et un très petit nombre de livres Grecs
De même au XI fiècle l'abbé Lupus de Ferrare ne
put découvrir en France, quelque peine qu'il fe
donnât, un feul exemplaire de Quintilien ou
de Ciceron (3).

Dans toutes les académies érigées avant l'inven-
ion de l'art, des ftatuts exprès veillaient à la confervation des manufcrits, pace qu'on en jugeait la
perte irréparable, et que de la posfesfion d'une
feule copie dépendait maintes-fois toute l'existence littéraire de ces fortes d'inftituts On ne prê-
tait les livres qu'avec de grandes précautions. La
Fa-

(1) C. G. Heyne, *Comment. de interitu operum
cum antiquae, tum ferioris artis, in Commentat. Gottin-
gens:* T. XII. 294.
(2) Eichorn, l. c. T. 2. p. 38.
(3) Eichorn, l. c. T. 2. p. 39.

Faculté de médecine de *Paris* exigea en 1471 pour fureté des ouvrages du médecin Rhafes, que L o u i s XI défirait faire copier, 12 marcs d'argent, 20 fterlinos et une caution de cent couronnes d'or (1). On lançait des excommunications contre le voleur d'un livre; des actes folennels de transfert légitimaient la cesfion d'un ouvrage d'un couvent à un autre (2). Ces mefures de prudence n'étaient nullement fuperflues; encore dans le moment actuel on ne connaît qu'un manufcrit unique d'Arnobe et du Dictionnaire de H e f y c h i u s. Je craindrais d'abufer de la patience de mes lecteurs, fi je multipliais davantage les exemples. Ceux que j'ai allégués démontrent fuffifamment : que l'imprimerie oppofa une barrière à un torrent d'une force toujours croisfante qui menaçait d'abîmer les débris du naufrage de l'antiquité. Sans fon fecours la renaisfance des lettres aurait pour le moins été retardée de plufieurs fiècles. Dans la fituation actuelle des chofes, quand des littérateurs réusfisfent, après d'immenfes travaux, et une patience de plufieurs années, à purifier une édition, les fignes de leur zèle

(1) L'acte original dresfé par la faculté de médecine est inféré dans les *fupplémens aux mémoires de Mesfire de Commines par* G a b r i ë l N a u d é, T. 3. p. 37. (Ed. de Bruxelles).

(2) E i c h o r n, T. 2. p. 61. Un tel acte de transfert de l'an 1332 pasfé par devant deux notaires fe lit chez N a u d é, l. c. p. 43.

le fe·reproduifent des milliers de fois, et ne font
plus confiés comme auparavant à l'existence incertaine d'un feul volume.

C H A P I T R E II.

L'imprimerie augmenta les lumières exten-
fivement.

La remarque développée dans le Chapitre précédent est asfez évidente. J'en viens à une autre —
L'imprimerie eut une influence extenfive fur les lumières ; elle les généralifa.

§ . I.

Son mérite dans l'éducation primaire.

L'inftruction de la jeuneffe doit réparer les brè-
ches journalières que le domaine de la fcience
éprouve. Or, il est difficile de concevoir comment
l'enfeignement avoit lieu autrefois fans livres élé-
mentaires , d une acquifition prompte et facile.
L'inftruction orale pouvait fuffire chez les Anciens ;
ils ne fentaient pas comme nous le befoin d'étudier des langues mortes ; mais de fâcheux embar-
ras retenaient la jeuneffe ftudieufe du moyen - âge.
Alde l'ancien avoue, que fe resfouvenant des tortu-
res que lui avait coûtées le malheureux cahier fur-
lequel on le forçait d'exercer fa mémoire, et qu'il
fal.

lait copier péniblement, — il s'était hâté de con-
facrer, fes premiers travaux typographiques à la confection d'une Grammaire Latine, et furtout d'un
Vocabulaire, le premier des Dictionnaires Grec et
Latin (1497. folio), qui fut d'un ufage élémentai-
re, — celui de H ɵ fy c h i u s n'étant que pour des
Savans. L'enfeignement primaire fouffrit dès ce moment moins d'obftacles. La typographie feconda
fes progrès par d'innombrables fubfides. L'immenfe férie de Dictionnaires, fans l'aide desquels nos
Inftituteurs croiraient infaifable d'enfeigner une
langue à leurs élèves, ne date fon origine que de
l'apparition de l'imprimerie, art à peu près indispenfable pour en permettre l'ufage et la rédaction.
Ausfi la moindre école moderne est mieux pour-
vue fous ce rapport que ne l'étaient autrefois les
Inftituts les plus célèbres.

§. 2.

Le monopole dans les fciences est anéanti.

Une autre entrave apportée à la libre communication des lumières naisfait de l'odieux monopole,
anquel elles étaent asfujetties, et dont il existait
plufieurs espèces à cette époque.

Ce monopole réfultait d'abord de la crainte des
érudits de communiquer les manufcrits qu'ils avaient
en mains. E r a s m e expofe dans fes Adages une

                                        pein-

peinture très piquante de leur prudence (1). En effet, il était commode de fe parer des plumes du paon. On commettait des plagiats avec moins de fcrupule. L'heureux posfesfeur d'un manufcrit unique appréhendait peu la découverte de fa fraude. Toutefois il fe gardait bien de communiquer à d'autres le feul foutien de fa réputation.

D'autre fois c'était la fuperftition, qui interdifait l'approche des chartriers et des Bibliothèques dans les monastères. C'est ainfi que fur l'avis, donné par J e a n d e G a g n i , lecteur de F r a n c o i s I. qu'il existait dans le royaume un nombre confidérable d'ouvrages précieux recélés dans d'obscurs couvens; ce Prince fut obligé d'ordonner par un édit exprès, d'ouvrir à ce favant les Bibliothèques; et une centaine d'ouvrages publiés par l'impresfion fortirent de la poudre, où le fanatisme religieux les eut enfevelis pour toujours (2).

L'achat des manufcrits ou la confection d'une copie coûtait d'ailleurs de fi immenfes fommes qu'il fallait une munificeme royale pour s'en procurer. En l'an 872 une copie du *Corpus juris* montait à 300 Ducats ; le Jurisconfulte Accurfe n'était pas même en était de s'en procurer: à préfent (dit S c r i v e r u i s (3), bien imprimé, il ne coûte que trente florins.

<hr>

(1) E r a s m i , *Adagia*, p. 391. (Ed. Coloniae 1612.)
(2) *Biographie Univerfelle*, ad v. G a g n i.
(3) *Lauercrans* ap. W o l f , *monum. typogr.* T. I. p. 336.

rins. Le grand **A l f r e d** acheta de l'abbé Bénoît **un** feul volume, contenant une Cosmographie, pour 8 arpens de terre (1). Une Bible, écrite en trois volumes, coûtait cent couronnes, et en 1240 un misfel 200 florins d'or (2). On donnait les livres en gage, en dot, en fidéicommis. Un **T i t e-L i** ve fe vendait pour un bien de campagne; et encore en 1477, un **P l a t o n** pour 2000 Ducats (3). Cette cherté des livres faifait, que la confervation des ouvrages déjà publiés dépendait plûtôt des collections publiques, faites aux frais de l'État, que de celles que les particuliers pouvaient réunir. Il en réfultait fans doute des chances très désavantageufes pour la litterature; fes progrès devenaient doublement précaires.

Ici fe préfente enfuite une autre circonftance qui retardait la communication des lumières. J'entends

le

(1) **H e e r e n**, *Gefchichte der Cl. Lit.* l. c. **T. I.** p. 85.

(2) **T i r a b o f c h i**, *Storia della Letteratura*, **T. IV.** p. 73. Les anciens n'étaient pas à l'abri du même inconvénient. **P l a t o n** acheta trois livres de Philolaus le Pythagoricien pour 10,000 deniers; **A r i s t o t e** quelque peu de livres de Speufippe le Philofophe, pour 3 talens attiques, &c. voyez **A u l u g e l l e**, *Noct. Att.* **III.** c. 17. cit. a **F u n c c i o** *de Scripturâ veterum*, p 255.

(3) **A r e t i n**, *Abhandl. über die folgen &c* p. 33. Une foule d'exemples pareils fe lit chez **C. M e i n e r s**, *Historifche vergleichung der fitten, der Wiffenfchaften und Lehranftalten des mittelalters*, **T. 2.** p. 532, 539 fuiv.

le monopole exercé par les asfociations fecrètes chez lesquelles on confervait la tradition de certaines fciences occultes. Ce genre d'inftitutions descendait en partie des mystères du Paganisme. On s'y transmettait le dépôt de ces fortes de connaisfances, qu'on craignait, ou plutôt, qu'on était jaloux de révéler au vulgaire. Tant que l'imprimerie n'exista pas, quoi de plus aifé que d'empêcher les fecrets de transpirer au dehors! De l'indiscrétion d'un feul membre ne dépendait pas la publication indéfinie de leur depôt mystérieux. — L'imprimerie amena fous ce rapport une grande révolution. Après avoir diminué graduellement, de telles asfociations fe foutinrent à peine dans les fiècles fuivans. Quand elles renaquirent au XVIᵉ fiècle, elles s'occupèrent de fimples théories, dont la transmisfion n'était nullement indispenfable aux progrès des connaisfances. — Avec les moyens de publicité que la typographie procure il eut été impraticable, de fouftraire longtems à l'humanité des fecrets, qui lui fusfent vraiment falutaires.

Malheureufement il n'en était pas ainfi dans le moyen-âge (1). On cachait foigneufement les expériences et les vérités ufuelles qui n'avaient pas

été

(1) Voyez fur les asfociations fecrètes du moyen âge une Disfertation de Mr. Bühle, *de verâ origine fratrum de Rofa cruce et de ordine franco-muriariorum, in Comment. Gottingen, Aᵒ. 1803.* — et fon *Histoire de la Philofophie Moderne*, T. 2. p. 398. (Paris 1816.)

été apperçues du vulgaire. L'intérêt et l'ambition du pouvoir enfevelirent fous l'ombre du mystère certains procédés dans les arts et plus d'une découverte fcientifique, qui, à en juger d'après quelques indices, ont dû être plus importans qu'on ne le fuppofe d'ordinaire de nos jours. Une foule de fecrets précieux fe feront perdus lors de l'introductions de l'imprimerie, parce qu'il est apparent qu'on les aura dès ce moment renfermés étroitement, et qu'on aura préféré d'en laisfer effacer les traces plutôt que d'en fouffrir l'émisfion au grand jour. Ce malheur, s'il en est un, fut asfez compenfé par l'extenfion prompte et générale que prirent dès lors les fciences. Laisfées entre les mains d'un petit nombre d'élus elles font à craindre; accesfibles à tous, elles ne font jamais dangereufes.

Déformais rasfurons nous : l'infidélité ou la fausfe prudence de quelques illuminés ne parviendra jamais à frustrer l'espèce humaine de ce qu'il lui importe de favoir. Un coup mortel a frappé les myftifications demi - religieufes ; déformais une caste d'esprits privilégiés n'asfervira plus l'humanité. Si les richesfes et l'autorité demeurent encore concentrées entre les mains d'un petit nombre, au moins, grâces à la typographie, l'accès à la plus magnifique des illustrations, — celle du favoir et des talents, est ouverte à chaque homme de génie.

Il exiftait, enfin, un autre monopole. A la renaisfance des lettres, on fit bien de choifir les anciens clasfiques comme les feuls bons guides qui res-

restaient. A la lecture de leur chefs-d'oeuvre, le goût s'épure ; le jugement fe développe ; le fentiment du vrai et du beau acquiert de l'énergie ; les forces morales et intellectuelles de l'homme s'unisfent et s'entr'-aident mutuellement. On conçoit l'enthoufiasme d'un Pétrarque, d'un Barlaam, d'un Agricola, d'un Erasme, chaque fois qu'ils comparaient les productions des Anciens, ces fleurs fi fraiches et fi brillantes du fol d'Athènes, avec les légendes, les misfels, et les autres folies de la ftupidité monacale. Il leur fut cependant difficile de fe garder d'une erreur encore asfez commune de nos jours : ils confondirent les productions d'une langue avec la langue même. On fe foucia peu de rechercher, à quel point les langues ufuelles restaient fusceptibles de perfectionnement. Elles demenrèrent reléguées hors du domaine des fciences. Une pédanterie fcolastique empêchait de reconnaître dans chaque idiôme un fimple inftrument, plus ou moins perfectible.

Ausfi longtems que les livres, trop chers ou en trop petit nombre, ne tombaient pas entre les mains du peuple, il fallait être favant de profeffion pour en acquérir. Rien n'encourageait à compofer un ouvrage dans l'idiôme vulgaire ; les favans l'auraient méprifé, et la feule clasfe, qui l'eut accueilli, n'en obtenait pas la lecture.

L'invention de K o s t e r fit changer la littérature de face. Depuis que les ilelttrés purent avoir des livres, le mur de féparation, placé entre le favant et le peuple,

ple,

ple, s'abaisfa confidérablement. Les fciences fortí-
rent de la pousfière du cabinet. Elles jettèrent une
partie de leurs rayons fur les individus, qui par
leur langage, leur éducation ou leur rang eusfent
autrefois été exclus de toute communication avec le
fruit des hautes fpéculations des érudits. A l'aide
d'un peu d'application il devint posfible de partici-
per, par la typographie, aux plus profondes recherches de l'esprit humain.

§ 3.

Univerfités Académies, Bibliothèques.

Si l'inftruction primaire et populaire fit de tels progrès, les hautes régions de la fcience n'y perdirent
rien.

Au XVe et XVIe fiècles, une foule d'univerfités
s'élevèrent à l'envi dans des contrées naguères encore étrangères à toute érudition. Je ne relève
pas ce fait, comme une fuite immédiate de l'imprimerie; mais j'y vois le réfultat d'un befoin d'inftruction fenti plus généralement; j'y démêle un effet de
la furabondance plus qu'ordinaire d'hommes favans;
j'y reconnais une féparation plus faillante et plus
décidée entre les différentes fciences : et ne font-ce
pas des phénomènes, auxquels la multiplication
prompte et exacte des *tréfors de l'antiquité* a contribué pour beaucoup?

J'ai déjà fignalé plufieurs réunions de favans que
l'imprimerie provoqua. Ne faut-il pas encore asfigner à

la même caufe la naisfance fuccesfive de ces fortes
d'académies dans lesquelles on ouvrit des concours
à l'émulation ? Comment les fujets des prix et leur
couronnement eusfent-ils percé, fans l'imprimerie,
jusque dans la retraite de l'homme de lettres ? Comment lui eut-il été posfible de répondre à l'appel ad-
dresfé à fon activité, fi, maintenant, fans fortir de
fon cabinet, il n'eût pu fe transporter fur l'arène
et asfister à la décifion de fes Juges

N'oublions pas un aure genre d'inflituts très in-
téresfants pour la fcience que la typographie perfec-
tionne à un degré éminemment remarquable : les
Bibliothèques publiques et particulières.

L'antiquité en connaisfait, il est vrai, de fort
étendues. La fameufe bibliothèque d'Alexandrie renfermait 700,000 rouleaux (1). Brûlée, l'an 640
après J. C., par le Calife Omar, on en chauffa,
dit-on, les bains publics durant fix mois (2).
Quand même ces récits et d'autres pareils ne feraient pas très hyperboliques, perfonne ne nous
contestera que la valeur intrinfèque n'était en au-

cum

(1) Aulugelle. N. A. L. 6. c. 17.
(2) Mr. de Ste Croix, (*Magazin Encyclop.* An.
VIII. T. 4. p. 433-447) met ce fait en doute; il compte quatre famenfes Bibliothèques à *Alexandrie*. Mr.
Heyne a réuni tous les pasfages des Anciens, qui trai-
tent de ces collections dans une disfert. *de Genio faecu-
li Ptolemaeorum in Opusc. Acad.* T. I. p. 126 et *in ad-
ditament.* T. 6. p. 438. —

cun rapport avec l'apparence extérieure. Il fallait incomparáblement plus de place pour un ouvrage calligraphié que pour le même imprimé et relié. La forme des rouleaux nécesfitait un espace, qui rendait les ouvrages un peu étendus, ausfi difficiles à manier qu'à copier et à conferver. Les livres corrigés et deftinés à être dépofés dans une Bibliothèque n'étaient jamais écrits de deux côtés (1). La collection déterrée à Portici prouve que chaque livre ou fection d'un ouvrage formait *un* volume. Thucydide p. e. y remplit huit volumes (2). Mr. Santander à Bruxelles (3) posfédait le Pentateuque, écrit en hébreu, fur 57 peaux coufues enfemble, qui forment un rouleau long de 113 pieds (4). Ainfi, en admettant que les anciens confervatoires de manufcrits étaient réellement pourvus d'un grand amas d'ouvrages; il y avait plus de luxe que d'utilité dans ces fortes d'Inftituts : comment compulfer ces immenfes parchemins avec quelque fruit (5)!

On

(1) Les *Adverfaria* ou livres écrits de 2 côtés pasfaient pour des brouillons. Funccius, *de Script. Vet.* p. 229.

(2) Heeren, *Gefch. der Clasf. Lit.* T. I. p. 28.

(3) Lambinet, T. I. p. 24.

(4) A Deerlington, en *Angleterre*, un amateur posfède une copie du *Pentateuque*, écrite fur 2 pièces de cuir de deux pieds de large, faifant enfemble 138 pieds de long. Bertholdt, *Krit. Journal der Theol.* Sulzbach 1816, T. 5. p. 100.

(5) La remarque n'avait pas échappé à Senèque,

voi-

On a moins de motifs à se défier des relations,
qui nous sont données sur les bibliothèques modernes peu avant l'invention de la typographie. Or,
la pauvreté et l'exiguité de leur contenu est un fait
constant (1). La bibliothèque de droit de la fa-
meuse école de *Bologne* se composait uniquement
d'un très petit nombre de *Glosfateurs* et de quelques manuscrits du *Corpus juris*. Celle de Cervot-
te, très célèbre dans le tems, comprenait vingt volumes, qu'on plaça chez un notaire, afin de les
donner à l'emprunt, ce qui procurait un gros gain.
En 814, la Bibliothéque de Pontivi n'avait que deux
cent volumes, et cependant elle avait la réputation
d'être la plus confidérable, qui put être citée au
moyen âge (2). Au XIVe siècle, il n'y avait à la Bibliothèque de *Paris* que quatre clasfiques, C i c e r o n,
O v i d e, L u c a i n et B o ë c e (3): et au commencée

voici ses expresfions (*de Tranq. Animi, c. 9.*) ,, Qua-
,, dringenta millia librorum *Alexandriae* arferunt, pul-
,, cherrimûm regiae opulentiae monumentum alius lauda-
,, verit, sicut L i v i u s, qui elegantiae regum curaeque
,, egregium id opus fuisfe ait. Non fuit elegantia illa
,, aut cura, fed studiofa luxuria: imo ne studiofa quidem,
,, quoniam non in studium, fed in fpectaculum, compa-
,, raverant,"

(1) Voyez ce qu'en dit M e i n e r s, *Hiftorifche vergleichung*, l. c. T. 2. 534.

(2) *Journal des Savans*, 1819 Mars p. 164.

(3) E i c h o r n, *Gefchichte der Cultur.* &c. l. c. T. 2.
p. 58. Par le nom pompeux de *Bibliothèque* on enten-
dait

cement du XVᵉ, le roi de *France* Charles V ne put réunir qu'une collection de 900 ouvrages. Quel est l'amateur, un peu opulent, qui ne rougirait de n'en pas avoir davantage?

Ausſi dès qu'il fut posſible de former utilement de pareils muſées, c'est-à dire, ━ dès que l'impresſion en eût permis l'érection, on vit les ſavans et les Souverains, les particuliers et les Univerſités conſacrer de fortes ſommes à rasſembler les débris de l'héritage littéraire de nos dévanciers. Les Ducs d'Este à Ferrare, les Médicis, Francois Iᵉʳ rivaliſèrent de zèle pour réunir des collections nombreuſes. En 1480, Sixte IV poſa les fondemens de la Bibliothèque du Vatican (1).

Or,

dait ſouvent *une ſeule Bible.* Jacques de Bertinoro légua par testament, fait à *Bologne* en 1199, deux bibliothèques; une à l'Egliſe de S. Victor; et une à celle de S. Jean di monte: dans le fonds c'était ſimplement une bible à chacune. Tiraboſchi, *Storia della Letteratura,* Tᵒ IV. p. 72.

(1) Voyez ſur la prodigieuſe multiplication des bibliothèques durant le cours du XVIe ſiècle Tiraboſchi, VII. p. 1. p. 203. On jugera de l'esprit du ſiècle ſous ce rapport par les meſures qu'on prit dans un royaume du reste bien moins avancé dans la culture des lettres. Pour la bibliothèque que Sigismond-Auguste, roi de *Pologne,* fit ériger, en 1547, par le libraire Johan Triceſius, on dépenſa en achats de livres 3493 ducats, ſomme énorme pour ces tems, à laquelle, en 1557, on ajoûta 2820 ducats envoyés à *Francfort* ſur le *Mein* pour le même ſujet. Je tire cette particularité

G des

Or , ces collections fi utiles ne furent pas desti-
nées à demeurer à l'ombre des Couvents: elles
étaient accesfibles à chaque favant.; elles générali-
fèrent le goût de l'étude et devinrent , pour ainfi dire ,
les leviers du génie.

Avec l'ancien mode de multiplication aurait-il été
faifable de rasfembler un foyer de lumières , tel qu'est
la Bibliothèque Bodléjenne à *Oxford* , compofée de
500,000 volumes imprimés (1) ; ou comme celle de
Paris , forte de 800, 000 volumes (2). Il n'y a point
de ville en *Europe* , où il n'y aît quelque dépôt fcientifique ; et lors même qu'on fuppoferait chez nous
l'enthoufiasme des fciences pousfé à un dégré fupé-
rieur à celui des Athéniens ; jamais, avec leurs
étroits moyens de publication , on n'eut réusfi à
généralifer ainfi en tous lieux les fruits du favoir.

S'il

des comptes de Sigismond Auguste récemment
découverts à Varfovie et contenant plufieurs autres par-
ticularités fur les moeurs du tems. *Journal de Varfovie*,
1816. T. 2. p. 140.

(1) Voyez le tableau comparatif des deux bibliothèques dans le *Intelligenz Blatt* de la *gazette littéraire
de Jena* Janvier 1815.

(2) Suivant le *Journal de la librairie* de 1819, il y a
actuellement en France dans les 86 départements 274
bibliothèques publiques dont 40 à *Paris*. Le nombre
de volumes dans les Bibliothèques publiques, qu'on connaît, fe monte à 3, 345, 287 volumes, dont 1 , 125,
347 à *Paris*. Voyez Petit-Radel, *Recherches fur les
Bibliothèques anciennes et modernes*, Paris 1819.

S'il régne chez les nations européennes une distribution de culture à la fois si étendue et si variée,
c'est à la typographie, et non pas seulement à leur
génie inventif et civilifé qu'il faut l'attribuer.

§. 4.

Opportunité dans la publication des ouvrages.

Enfin dans cette propagation il reste à faire obferver la promptitude et l'opportunité. Malgré toute
la vitesfe apportée par les Sténographes, Okygra-
phes, Tachygraphes &c., jamais elle n'atteindra la
vitesfe des presfes. Il existe à *Paris* un exemplaire
manufcrits des Canons de Gratien (1): le copiste
marque, qu'il a été 21 mois à le faire: d'après cet
aveu, il faudrait 1750 ans à 3 hommes pour fournir 3000 exemplaires; au lieu que par le moyen de
l'imprimerie ils peuvent être achevés en moins
d'un an par le même nombre d'hommes. — Ou pour
oppofer à cette lenteur le fuprême degré de la
promptitude, qu'on confidère la multitude de Journaux débités journellement à *Londres;* ils fe mon-
tent pour ceux du matin à 15000; pour ceux du
foir, à 13000; pour ceux du dimanche à 26000;
pour ceux de la Semaine à 26000, fomme total
248000; à laquelle il faut ajouter pour les Provinces
250,000 papiers nouvelles (2)!

Ce

(1) Lambinet, T. 2. p. 187.
(2) *Jenaifche Literatur*, Zeit. l. c.

Ce demi-million de feuilles est lu dès leur publication, et répand comme un éclair une foule de notions vraies ou fausses. Ces notions dans tous les cas exercent plus d'un million d'esprits, amènent de nouvelles combinaisons d'idées, et entretiennent jusque dans les dernières clasfes de la société des connaisfances géographiques, historiques, politiques et morales. Or, de ce feul exemple il est aifé d'inférer l'incalculable effet d'une disfémination ausfi prodigieufe de penfées.

Qui ignore, comment dans les tems modernes on s'y est pris pour électrifer les esprits par des bulletins et des proclamations. Leur publication a déterminé plufieurs grands événemens politiques, qui fans ce moyen n'auraient peut-être pas eu lieu. Je n'en citerai qu'un exemple plus ancien, parce qu'il fe rattache à l'histoire typographique. Quand l'invincible armade *d'Espagne* fut équipée contre *l'Angleterre*, un des moyens employés avec le plus de fuccès par la Reine E l i f a b e t h pour animer le patriotisme de fes fujets à la défenfe commune fut la rédaction d'un Journal, intitulé *English Mercury*, le premier-papier-nouvelle qui aît paru en *Angleterre* (1). On s'emprefsait de lire des détails, qui

ex-

(1) On conferve au Mufée Brittannique un numéro de ce Journal, daté du 23 Juillet 1588. Les numéros fuivants contiennent quelques annonces de livres et peuvent pasfer pour le plus ancien des journaux littéraires. (*The life of Thomas Rudiman by* G e o r g e C h a l m e r s, Lond.

expofaient aux yeux de la nation entière la grandeur du danger. Eclairée fur fes intérêts, elle fe releva de l'abattement général où les esprits étaient plongés; et ce nouvel expédient contribua pour beaucoup à déjouer une entreprife, dont le fuccès aurait eu d'incalculables fuites fur le fort des lumières en *Europe.* Une disfémination ausfi rapide de nouvelles était imposfible aux anciens (1): chez

nous

Lond. 1794.) Quant à la publication d'un Journal politique, la *France* peut réclamer l'antériorité de plus d'un fiècle; on conferve à la bibliothéque du Roi un bulletin de la campagne de Louis XII en *Italie* (1509) commençant ainfi : *c'est la très noble et très excellente victoire du roy nostre Sire Loys douziesme de ce nom qu'il a heue moyennant l'aide de Dieu fur les Vénitiens;* noté fur le Catalogue N°. en 4to L. 607.

(1) Dans *l'Esprit des Journaax* Juillet 1817. Mr. Eufèbe Salverte attribue aux Romains l'invention des journaux fondé fur un pasfage de Ciceron (ad Famil. L VIII. Ep. 11.) où il est parlé du *commentarius rerum urbanarum*, qu'il envoye à Coelius. En rapprochant l'épitre 1e et 2e du même livre on remarque clairement que ces commentaires étaient des mémoires particuliers, dont Ciceron confiait la rédaction à un de fes esclaves. Les *acta diurna* des Romains appellés ausfi *acta urbana* dont parlent Ciceron *ad Attic.* VI. 2 et Suétone *in Caef.* c. 20. étaient des actes publics dépofés au Capitole. On pouvait s'en procurer des copies. Quant aux fragmens qu'on a esfayé de faire pasfer pour des lambeaux tirés des gazettes romaines, et que Dodwell a publiés comme venant d'Ifaac Vosfius, lequel les aurait transcrits d'une collection d'infcrip·

nous, là où il le faut, les nouvelles arrivent, rassu-
rent, agitent, conduisent l'esprit public, et influent
fur lui avec une force dont les gouvernemens de
l'antiquité n'auraient pu fe former d'idée.

Aucune révolution importante n'est furvenue en
Europe depuis le XVe fiècle, où l'imprimerie n'aît
joué un très grands rôle. La réformation de L u-
t h e r eut été étouffée dès fon berceau fans le fecours d'une invention qui rendait public le combat des deux partis, mettait leur fort et leur faible
au grand jour, et empêchait le fanatisme de com-
primer les rayons qui l'eusfent trop gêné. Le poi-
fon et le contrepoifon fe distribuaient à l'inftant avec
une égale rapidité. F r o b e n asfurait L u t h e r que
par le prompt débit de fes ouvrages à *Paris* dans
la Sorbonne, en *Italie*, en *Espagne* et ailleurs,
les écrits du Réformateur étaient déjà hors de la
portée de fes ennemis. Leurs efforts ne réusfi-
raient jamais à les fupprimer, puisqu'en une fois
ils venaient d'être foumis à l'examen d'une innom-
brable multitude de lecteurs (1).

C H A-
fcriptions manufcrites du Père P e t a u, — il est démontré que ces pièces font évidemment fuppofées. P i g-
h i u s les a imprimées au T. 2. de fes *Annales*. On les
a inférées comme une grande curiofité dans le G e n t-
l e m a n's *Magazine* Lond. 1740. T. 10. dans la préface.
Il y a une disfertation intéresfante fur ce point d'antiquité parmi les *Opuscula Philol. Critica* par J. A. E r-
n e s t i, *de Actorum S. P. Q. R. diurnorum origine ad
Suét. Caefar*, C. 20.

(1) La lettre de Froben est rapportée par V e n e m a,
Hiffer. Ecclef., T. 7. p. 3.

CHAPITRE III.

L'imprimerie augmenta les lumières inten-fivement.

Les réfultats, qu'on vient d'articuler, asfigne-raient déjà à l'imprimerie un rang honorable parmi les plus intéresfantes découvertes de l'esprit humain. Néanmoins il reste encore un autre point de vue. L'histoire des progrès des fciences me prouve que l'art du typographe n'a pas feulement détruit les en-traves, qui en empêchaient la disfémination, mais a encore puisfamment opéré leur progresfion *inten-five.*

§. I.

L'imprimerie a augmenté le choc des idées.

Il faut croifer les races, difent les Phyficiens, fi l'on veut les améliorer. Cet axiôme reste vrai ausfi relativement à nos opérations intellectuelles. L'é-change des opinions par un commerce d'idées, de fyftêmes et de découvertes est un expédient imman-quable pour ajouter à l'intenfité des lumières humai-nes. Ifolées les unes des autres elles restent froi-des et incomplètes. *L'homme n'est homme* (c'est l'asfertion du Pline moderne,) *que parce qu'il a fu fe réunir à l'homme.* Ses idées fe fécondent par le rapprochement; elles s'ennoblisfent dès qu'on les greffe; le frottement en fait jaillir des étincelles.

 Or

Or la civilifation actuelle a fous ce rapport de grands avantages fur l'antiquité.

Là les efforts du génie étaient plus individuels, et le commerce des penfées très limité. On ignorait ces nombreufes combinaifons de fyftêmes, que la multiplication aifée de livres et d'apperçus nouveaux a fortement fecondées chez nous.

Aucun écrivain ne propofe dans un des pays modernes quelque grande et utile conception, qui ne devienne ausfitôt l'apanage de toute *l'Europe*. Il ne faurait avancer quelque fait inconnu, ni commencer quelque révolution dans une fcience fans que la clasfe des érudits n'y prenne univerfellement intérêt. Le Philofophe de *Koenigsberg* projette une nouvelle critique de nos facultés; il abat, il détruit, il reconftruit; mais ni fes compatriotes, ni fes amis ne font pas les feuls Juges et les uniques fpectateurs de l'édifice qu'il élève. A-peine a-t-il parlé que des milliers de têtes, averties comme par un coup de baguette de la naisfance de fon école transcendante, en discutent la doctrine, et fe communiquent leurs réfultats. Malgré l'éloignement une discusfion s'établit, pareille à celle qu'entreprendrait une réunion de favans asfemblés dans un même lieu; et elle a par desfus celle-là le mérite d'avoir lieu à tête repofée. En général le genre réfutatif, à l'aide duquel le génie humain obtint fur divers points une brillante clarté, n'aurait jamais été porté à ce degré de perfection, s'il n'eût emprunté de la typographie une trompette à cent voix.

Dans

Dans tous les rangs on vit les effets de cette inoculation de la penſée, enſorte que jamais *l'Europe* n'eût une maſſe auſſi nombreuſe d'hommes, qui s'intéresſent au progrès des ſciences et y contribuent, en augmentant par l'addition de leurs opinions individuelles la ſalutaire fermentation générale des idées.

§. 2.

Etablisſement d'une république de lettres.

De là nâquit un autre effet qu'il importe de relever. La publication des Journaux et leur disſémination, rendue posſible depuis l'invention de la typographie, érigèrent ce qu'on nomme la République des lettres. Chez les anciens la claſſe des *gens de lettres* n'existait pas ; (1) il n'y avait point d'opinion publique ; dumoins elle était circonſcrite dans le cercle étroit d'une ville ou tout au plus d'un pays. Ordinairement des conſidérations étrangères au mérite intrinſèque, les relations, le rang et le caractère de l'écrivain influençaient le jugement porté ſur ſon ouvrage. Il n'appelait pas ſur ſes travaux l'attention de la foule d'hommes qui ſe conſacrent au mê-

(1) C'est une remarque du célèbre Ancillon, *Mélanges de Littérature et de Philoſophie*, 1809. T. 2. p. 297. Voyez auſſi ſes *Nouveaux Esſais*, 1817. T. 1. p. 159.

même genre d'études, et font en état d'en apprécier le mieux les difficultés.

Maintenant cette asfociation embrasfe plus d'un pays; elle fe compofe des hommes inftruits de chaque contrée européenne. L'opinion fur la valeur d'un ouvrage est prononcée par nn Tribunal tout autrement étendu que chez les anciens. La vénalité des Juges et l'adresfe des justiciables dénaturent en partie cette inftitution; mais par le grand nombre de fuffrages qui fe font entendre dans ce Tribunal, le jugement ne perd jamais tout à fait fa liberté: dans tous les cas fes arrêts confervent un poids respectable.

De là naît encore ce vif intérêt qu'éprouvent les favans pour la branche d'inftruction qu'ils cultivent. Avec avidité ils en fuivent les accroisfemens et fe communiquent mutuellement les variations qu'elle fubit. Quoique féparés par la distance des lieux, ils fe connaisfent. Les arts, qui tiennent à l'imagination, confervent leur *littérature* nationale; cependant, depuis la prompte communication des lumières apportée par l'imprimerie, on ne faurait dire qu'il y aît une *fcience* nationale. Le nord et le midi, l'ancien et le nouveau continent apportent chacun leur tribut d'obfervations et de découvertes. La phyfique, l'anthropologie, la chymie, la géographie et tant d'autres connaisfances, fruits d'obfervations partielles, viennent peu à peu s'organifer au moyen des élémens que diverfes mains exploitent, et qui coöpèrent toutes, par l'aide de la Typographie,

à

à l'érection du Temple commun des arts et des fciences.

§. 3.

Encouragements procurés aux Auteurs.

L'imprimerie, envifagée dans fon influence fur le commerce de *l'Europe*, est une invention qui accrut particulièrement l'activité mercan ile des nations civilifées. La librairie forma une branche importante de négoce et nourrît à peu près autant les corps que les esprits. Les Auteurs participèrent ausfi à cet effet ignoble, dirai-je, ou matériel de la typographie; leurs efforts furent doublement ftimulés et par l'appas du gain et par l'ambition de la gloire. Ce nouvel aiguillon à été d'une force très prépondérante en faveur des lumières.

En effet, quand on remonte à la première caufe, qui développa les arts et les fciences; il faudrait alléguer en dernière analyfe *le befoin*, comme le plus puisfant des mobiles pour agiter les mains et le génie de l'homme. Quoique nous fentions dans l'intérieur de notre âme une impulfion honorable vers la fcience et la gloire, la voix de la nature n'est pas moins impérieufe. L'infpiration intérieure s'affaiblit, quand l'autre n'en appuie pas les accens. Cette réflexion ne fera pas étrangère à notre fujet. Avant l'invention de la typographie, le befoin de vivre et l'appas du gain follicitaient faible-

ment

ment l'homme de lettres à mettre fon travail au jour. Aux resfources de fon esprit il fallait toujours joindre celles d'une industrie plus matérielle afin de fe procurer le nécesfaire. Dans l'antiquité, les hommes d'une condition et d'une fortune inférieure n'auraient pu fe livrer à des recherches fcientifiques, ni les publier. Il fallait un certain rang dans la fociété pour avoir des esclaves copistes; et le métier d'auteur, et encore moins celui de traducteur n'était pas une vocation à rechercher.

Elle n'est pas encore très brillante; elle l'est cependant pour un asfez grand nombre : or, quoique le motif foit peu noble, il a bien des fois accéléré les opérations de l'homme ftudieux (1). Particulièment cette perfpective a favorifé le genre d'érudition que je nomme érudition laborieufe; ces rasfemblemens de matériaux, compilations, polyanthées, concordances, dictionnaires, — ces encyclopédies, et ausfi ces abrégés, qui n'ont pas feulement rendu aux fciences en général le fervice que S o c r a t e rendit à la Philofophie, (devocavit e coelo, et in urbibus collocavit, et in domos etiam introduxit C i c. *Tuscul. Quaest.* V. 4.) mais ont fécondé utile.

.ment

(1) Les libraires C a d e l et S t r a h a n payèrent dans l'espace de 18 ans la fomme de trente neuf mille livres St., en honoraires, à différens auteurs. La valeur des manufcrits que la librairie *anglaife* posfédait en 1784 est officiellement évaluée à 200,000 livres. — W e n de b o r n, *over Groot Brittannien*, T. IV. p. 13.

ment chaque favant, lui permettant de connaître le
point de contact entre fes études et les autres rami-
fications de l'arbre des connaisfances humaines.

§. 4.

Facilité dans les recherches et les citations.

Il reste à faire obferver le fecours esfentiel que
l'amateur des fciences retira par l'ufage des citations,
devenues fi exactes depuis que les exemplaires d'une
même édition font parfaitement égaux, en forte
qu'il devient aifé de remonter à la fource des obfervations, ou des récits raportés par un auteur.

Jadis il fallait, pour apprendre, fe transporter
chez les érudits. De là les fréquens voyages, qui
abforbèrent une fi notable portion du loifir littéraire des
auteurs des XIIIe, XIV^c et XVe fiècles. On allait chercher en *Italie*, par ex :, l'inftruction, qui ne fe
trouvait ni en *Allemagne*, ni en *France*. Or, une
foule d'obftacles, la jaloufie des lettrés et des peuples, la politique des Souverains, le danger des
communications entravaient ces trajets (1). D'ailleurs ces voyages indispenfables, auxquels les favans
fe déterminaient, privaient quelquefois les univerfités du feul foutien qu'elles posfédaient, et les faifaient

____

(1) On en a des exemples chez E i c h o r n, *Gefchichte des Cultur*, l. c. T. 2. p. 24.

faient languir ou décheoir complettement (1). Cé grand inconvénient cesfa : il devint facile de vérifier les fources, de les comparer et de pousfer feul fans inftruction orale les recherches auxquelles on prend intérêt.

L'allégation des autorités chez les anciens était vague. On citait quelquefois des écrits, qui n'existèrent jamais, ce qui n'est pas étonnant : bien peu d'ouvrages pouvaient être confultés par plus d'une perfonne. Combien de faits douteux on eût épargné à la postérité, fi celle-là eût pu fuivre le fil des anciennes traditions historiques et juger par elle même de leur degré d'authenticité.

Ausfi quel que foit le mérite des anciens auteurs, quant à la forme de leurs récits ; leur esprit criti-que n'a pas atteint, en raifon du motif allégué, un degré pareil d'élévation (2).

Indirectement l'impresfion a donc donné naisfan-

ce

(1) Tirabofchi, *Storia della Letteratura*, T. IV. p. 39. Heeren, *Gefch. der Stud. der Kl. Litteratur*, T. I. p. 231. Sur les migrations de toute une Univerfité dans une autre ville par le départ des Profesfeurs, voyez H. P. C. Henke, *de Academiarum migrationibus et translationibus* in *Opusc. Academicis.*

(2) „ *Omnine ea totius vetustatis reprehenfio est, quod in auctoritatibus, quas fequebantur, apponendis, tam parci, ac parum diligentes funt fcriptores:* " — ce font les paroles d'un juge bien compétent. C. G. Heyne in *Comment. de fontibus Historiarum Diodori* in *Comment. Soc. Gottingenfis*, Vol. 5. p. 95.

ce à *l'esprit de recherche*, attribut réel de l'érudition moderne. Sans se laisser éblouir par le prestige du style, elle interroge les faits, s'enquiert des témoins, discute leurs dépositions et n'attache du prix aux ornemens, dont on embellit la muse de l'histoire, qu'autant que la vérité y trouve son compte.

Ici on me permettra d'émettre encore une observation qui ne sera point déplacée dans cet article; j'entens la grande facilité que la confection d'Indices, Régistres, Tables &c., enfans de la typographie apporta au travail des érudits. Ces subsides littéraires mirent un seul homme en état d'achever des perquisitions et des discussions, pour lesquelles il eut fallu autrefois les efforts réunis de plusieurs génies. Cette concentration a soulagé la mémoire et a diminué l'inconvénient résultant de la surabondance des livres.

Avec quelle promptitude ne parcourt - on pas d'un coup d'oeil des pages entières, là où autrefois les caractères écrits obligeaient à une certaine lenteur dans la lecture. Il fallait se rendre familier avec la main qui les traça; elle varie suivant chaque écrivain. Tous les ouvrages modernes sont, à très peu de différences près, exactement depuis trois siécles de la même main, imprimés avec une égalité peut-être fatigante pour l'oeil, mais qui permet de compulser, comparer, étudier une immense masse de volumes, que l'oeil, ni la main n'eût pu em-

embrasser, si, à chaque nouveau Tome, il eût fallu
se familiariser avec d'autres caractères.

§. 5.

Progrès des langues.

La typographie rendit en outre de grands services
aux langues modernes. Réduites jusqu'au XVe siècle à un état d'abjection et de mépris, elles ne tenaient nullement un pas égal avec les autres progrès
de la civilisation. Elles se dépouillèrent de la fan-
ge du moyen-âge, au moment ou l'art du typographe réveilla un nouvel intérêt pour elles. Nous
avons refléchi précédemment sur les motifs qui dé-
conseillaient aux écrivains de cette époque d'employer les dialectes vulgaires. L'imprimerie ayant
fait cesser la difficulté qu'il y avait de rendre les livres accessibles à toutes les classes de la société, on
abandonna quelquefois la langue savante. L'idiôme
national cessa peu à peu d'être un patois ignoble:
on le plia à des compositions d'un genre relevé. La
curiosité publique étant aiguisée et pouvant être sa-
tisfaite assura un ample débit aux productions écri-
tes en langue moderne. Pour la première fois, elle
servit à propager des connaissances géographiques,
historiques et mathématiques, pour lesquelles on
n'avait eu jusque là, que des essais très informes
ou à peu près nuls.

L'im-

L'imprimerie força aussi les auteurs à donner de la précision à leur construction grammaticale et de la fixité à leur orthographe. Jusque là ils n'é-taient pas autant responsables de l'une, ni de l'au-tre: rien n'autorisait à leur imputer des variations ou des fautes, qui pouvaient résulter de l'inadver-tance des copistes.

On objectera peut-être l'assertion énoncée dans cet article, que *l'Italien*, *l'Espagnol* et quelques autres idiômes modernes brillaient déjà au commen-cement du XVe siècle par l'élégance de leurs formes autant que par la précision et la richesse de leurs expres-sions. Leurs progrès semblent n'avoir rien de commun avec l'apparition de la typographie. Une cause moins ignoble, dira-t-on, la poésie favorisa seule cette culture si précoce. Je n'essaierai pas d'infir-mer ce fait. Chez chaque peuple les historiens, les législateurs, les moralistes débutèrent par des ouvrages poétiques; et, par-tout, les vers furent les premiers maîtres de l'éloquence, les premiers enfans du génie. La raison en est fort simple. Le langa-ge mesuré ou les chants se fixaient avec facilité dans la mémoire. L'instruction parvenait ainsi sans pei-ne à la portée du peuple. La poésie eut l'avanta-ge d'être par tout le berceau de la langue nationale, parce que le style cadencé généralisait, transmettait fidèlement les sons, et donnait ainsi de la fixité aux dialectes vulgaires. Or, ce genre de succès que la poésie procura au langage pour tout ce qui pouvait être récité ou appris par cœur, la typographie l'obtint pareillement; elle ausſi mit l'idiôme du peuple en vogue; elle en généraliſa l'uſage; elle multiplia des productions d'un genre léger, les rendit accesſibles à toutes les claſſes (1), et acquit ſans contredit par-là une part réelle dans le développement progresſif des langues européennes.

§ 6.

Réſumé.

L'impresſion a donc hâté la renaisſance des lettres; elle a ſauvé leurs débris; les a tirées de la retraite de l'homme de lettres, et a répandu la ſcience et la vérité ſur toute la ſurface du monde civiliſé.

Ou-

(1) Voyez plus haut, Chap. II. §. 2. Les progrès de la langue italienne redoublèrent avec une vigueur nouvelle durant le XVIe ſiècle. ,, On lit que les ſa- ,, vans de ce tems en éprouvaient une jalouſie, qui ſem- ,, blerait fort étrange, s'il n'en exiſtait d'autres exem- ,, ples. Romolo Amaſeo prononça devant Char- ,, les-Quint et Clément VIII des harangues, où il ,, ſoutint, que la langue latine devait régner ſeule et qu'on ,, devait reléguer l'italienne dans les boutiques, les mar ,, chés et les villages. Quoiqu'il en ſoit, à cette époque ,, (donc après l'apparition de l'imprimerie), la langue ,, italienne devint l'objet particulier de divers ouvrages ,, d'un grand nombre de grammairiens et de littérateurs." Extrait de l'ouvrage de M. Ginguené *ſur la littérature Italienne* dans le *Journal des ſavans*, Juin 1819, p. 338.

Ouvrez les annales des sciences, et avec l'époque de l'imprimerie vous les verrez chacune prendre
un nouvel essor; souvent c'est la véritable date de
leur origine.

Par l'application de cet art, les sciences historiques ont gagné en certitude, en précision et en authenticité.

L'étymologie ou l'étude comparée des langues,
objet d'instruction tout à fait ignoré des Anciens,
résulta immédiatement de la rédaction autrefois à
peu près impossible des Dictionnaires et des Poly-
glottes.

L'art de la critique, ou ce travail qui a pour objet de rétablir le texte des anciens auteurs dans son
intégrité primitive, exista parce qu'on parvint à
procurer aux exemplaires de leurs ouvrages une forme fixe. La critique du N. Test. n'aurait jamais
été poussée à la hauteur, où les soins de Bengel,
Griesbach, Matthaei et Hug l'ont portée,
sans ces riches collections de variantes, sur lesquelles ils ont invoqué l'attention de tous les érudits, et que des copies n'eussent jamais exposées
avec cette fidélité et cette exacte précision.

J'avoue, qu'une des suites de la conservation des
Manuscrits et du triste état, dans lequel on les ex-
huma, fut de favoriser une critique de mots, à laquelle on attacha jusqu'au milieu du XVIIIe siècle
une importance trop exclusive. Cependant cette
mode ne se soutint pas. On substitua insensiblement
la science des choses à celle des mots; et, grâces

à la typographie, l'esprit après s'être exercé quelque tems sur l'écorce, pénétra ensuite dans les hautes régions de la critique.

A la renaisfance des lettres la littérature ancienne fut le point d'appui sur lequel on renouvella l'édifice de chaque science. La Théologie s'épura à l'aide d'une exégèfe plus éclairée toute fondée sur les données fournies par les auteurs clasfiques. La Jurisprudence (1) resfuscita sur les débris de la législation romaine et fecoua le joug de l'Aristotélisme et des glosfateurs. — Philofophes, Phyficiens, Médecins, tous empruntèrent des Anciens; tous appuyèrent sur leurs découvertes leurs premières leçons. Si je me tourne même vers les fciences exactes, je n'ai qu'à nommer les travaux de Callet, de la Lande, et de Delambre, et je reconnais dans leurs tables logarithmiques et astronomiques des ouvrages exécutables par l'impresfion feule, et que nul autre procédé n'eût rendu accesfibles à la masfe des favans.

Ce réfultat favorable aux lumiéres a été doublé par la conféquence morale que l'imprimerie a eue pour le genre humain. Le charme de la lecture étant goûté dans toutes les clasfes de la focièté a modifié le caractère (2). La vie des peuples moder-

(1) A. H. L. Heeren, *Gefchichte des Studiums der Clasfifche Literatur*, T. 2. p. 301.

(2) Mr. Meiners, dans l'Histoire comparée, citée plus haut, a démontré le changement très frappant furve-

dernes est devenue plus fédentaire et dès - lors mieux
dispofée à l'étude. Je n'entens pas décider jusqu'à quel point cette révolution a été favorable
aux moeurs ; mais, occupé de l'influence de l'imprimerie fur les lumières, je puis relever ce fait,
comme avantageux tant pour leur culture que pour
leur progreffion.

venu dans les divertiſſemens, les occupations et les vices
des fiècles modernes, depuis l'introduction des Caffés,
lectures de gazettes &c. T. 2. p. 165.

TROI-

TROISIÈME PARTIE.

*Influence, que l'imprimerie peut encore exer-
cer dans la suite sur les lumières de
l'espèce humaine.*

§. 1.

Réflexions préliminaires.

Je ne déguise pas, qu'en abordant cette partie de
mon Mémoire je n'aie éprouvé plus d'un genre de
scrupules. La science de l'homme est à peu près
purement historique. Il doit s'estimer heureux quand
il a réussi à bien observer ce qui arrive journellement sous ses yeux. Encore, pour retenir fidèlement les phénomènes du passé avec leurs causes et
leurs effets prochains, son coup-d'oeil est-il toujours beaucoup trop borné; il l'est bien davantage,
dès que portant sa main sur le voile de l'avenir, il
prétend tracer d'avance les changemens qui s'opé-
reront dans le monde *moral.* Ce monde n'est pas
comme le monde *physique* assujetti à des règles con-
stantes. La liberté de l'homme y joue son rôle. Il
dépend de la persévérance de sa volonté de donner
aux événemens une impulsion ou une couleur analo-
gue à ses vues. La Question proposée me garantit,

que

que telle est du moins l'opinion de mes Juges: on a voulu favoir quels avantages, quels dangers l'imprimerie préfageait, parceque, d'après les espérances ou les craintes nées de cet examen, on pourrait convenir de la route vers laquelle il ferait bon de diriger les opérations de cet art afin de protéger les progrès intellectuels de l'homme.

Je croirai donc avoir fatisfait à l'esprit de la Question, en pefant les accufations dirigées contre cet art; en indiquant les améliorations dont il est fusceptible; et en recherchant, enfin, quels bienfaits procurés par la typographie paraisfent immuables de leur nature et en feront une invention bienfaifante pour tous les temps.

§. 2.

Il est un peuple qu'on pourrait citer dans la vue d'atténuer les avantages de l'imprimerie.

Depuis huit fiècles *la Chine* posféde cet art, objet de nos éloges; et chez eux il n'y a ni cette diffufion, ni cette progresfion de lumières, attribuées par nous aux opérations de la typographie. On retrouve parmi eux des castes de lettrés, confervateurs jaloux des fciences, habiles à en intercepter les rayons. A l'exception de quélques arts, la culture de l'esprit y est encore dans fon enfance.

La nature du gouvernement y explique asfez ce phénomène. Chez eux c'est une loi d'état de ne rien innover dans les lois, les moeurs et les connaisfances léguées par leurs ancêtres. D'ailleurs la prin

H 4

·cipale caufe de leur infériorité littéraire doit être cherchée dans la bizarre conformation du langage ou de l'écriture. Leurs caractères trop compliqués et trop nombreux ôtent à l'imprimerie fon plus grand avantage, celui de concentrer dans un petit espace un grand nombre d'idées. Il faut s'être exercé dans de longues études, fi l'on veut être en état de concevoir quelques unes des clefs dont leur langue écrite dépend. Peu d'individus favent lire complètement. A quoi leur fervent donc les livres ? Leur influence est détruite, et leur effet doit être infiniment plus borné que chez nous.

Peut - être, à l'avenir, une forte de révolution viendra - t - elle disfiper ces entraves. Depuis l'invafion des Tartares Mantchous (en 1644), un autre langage s'est fait jour dans le Célefte Empire : depuis plufieurs années on a commencé de traduire dans l'idiôme Mantchou, qui devient de plus en plus vulgaire, les productions littéraires, jusque là la proie exclufive des Mandarins (1).

Cette obfervation m'indique un premier moyen d'augmenter l'action favorable de cet art, ce ferait de perfectionner davantage les fignes du langage. Il y a encore chez nous trop de caractères parafites.

Les

(1) Voyez la préface devant *l'Alphabet Mantchou* publié en 1807 à *Paris* par M. Langlès. Quant à l'histoire de cet idiôme et à l'ufage que les Chinois en ont déjà fait, on peut confulter les détails confignés par M. Julius von Klaproth, *Reife in den Kaukafus und nach Georgien*, (Halle und Berlin 1814) T. 2. p. 547, et fuiv.

Les études feraient de grands pas en avant, fi on fe déterminait à adopter une concentration de fignes, enforte qu'un coup - d'oeil transmît ausfi chaque fois une penfée.

Cet expédient pourrait être réalifé, fi on appliquait aux articulations de la parole un procédé à peu près pareil à celui qu'on emploie dans la notation muficale.

Qu'on m'entende bien! je ne fouhaite pas de faire revivre le rêve, qui a vainement fatigué d'illustres génies, — une langue univerfelle fubftituée à nos idiômes ufuels. Je hafarde une propofition d'un autre genre. Je voudrais qu'on fimplifiât les caractères et l'orthographe, qu'on confervât les fons, mais qu'on adoptât une voie moins longue pour les noter.

Une méthode abbréviative est posfible. On parcourrait un volume avec moins de contention ; et par la réduction de cette longue férie de lettres adoptée pour former des mots notre courte vie fuffirait à parcourir la portion de livres qu'il ferait nécesfaire de connaître.

Une pareille méthode devrait fe garder de multiplier les fignes, ou d'en asfigner un chaque à mot. On reviendrait à la mauvaife coûtume des Chinois, chez qui plufieurs favans meurent fans avoir pu finir le pénible apprentisfage de leur langue. Il s'agit de conferver notre prononciation et nos moyens ufuels de communication: il importe feulement d'abréger la marche fuivie à préfent par l'organe de la

H 5   vue.

vue. Loin d'être une chimère, cette idée a déjà été réalifée avec quelque fuccès dans l'Okygraphie de Mr. Blanc (3).

§. 3.

Le moraliste prononce une objection infiniment plus grave contre l'invention de Koster.

Entre d'imprudentes mains elle fut un inftrument de démoralifation. Sappant les fondemens de l'ordre focial, elle a foulevé les peuples, femé la discorde, attifé la révolte. Dans les tems modernes, fon abus a pour beaucoup contribué à transformer un pays, jadis le centre de la civllifation et de l'urbanité, féjour paifible des arts et de la mollesfe, en un vaste theâtre de crimes et de désordres, dont la postérité aura peine à concevoir l'atrocité, parce qu'elle fe défiera toujours d'un tableau ausfi déshonorant pour l'humanité.

L'imprimerie, dit-on., place un poignard de plus entre les mains de la calomnie. Ses menfonges frappent avec la promptitude de l'éclair; fes odieufes

fes

(1) *Paris* 1808. On est furpris qu'aprés les éloges mérités, donnés à l'auteur de cette ingénieufe conception par l'Empereur de Rusfie, par les gouvernemens de *Sardaigne*, *d'Autriche*, *d'Étrurie*, de *France*, comme par les journaux *Français* et *Anglais* (voyez la préface) ce procédé n'aît pas obtenu un encouragement plus univerfel.

ſes inculpations réſistent au tems; conſignées dans des monumens durables, les préventions ſe perpé. tuent; ſouvent elles entourent les cendres de l'homme de génie, et flétrisſent des noms respectables jusque chez la postérité.

Cet art est donc pernicieux à l'ordre moral, comme à la paix des États. Et, peut être, ignorons nous encofe quels coups cette arme terrible est en état de lancer? peut être dans l'avenir parviendra-t-elle à bouleverſer *l'Europe* civiliſée!

Il ſerait aiſé de remplir des pages entières avec de telles déclamations : et, par là, on ne refuterait pas les effets démontrés dans notre 2ᵉ partie. Cette invention a ſubi la destinée de tout ce qui excelle parmi les hommes; elle n'a point dû échaper à la contagion de leur faibleſſe. Or l'abus ne disſuade point du légitime uſage d'une invention humaine, à moins que l'abus ne ſurpasſe les bienfaits en force, et ſurtout en durée. Appliquez cette restriction à la typographie, et les réſultats ſeront ils douteux? Je ne le crois pas. La longue ſérie de bons effets qu'elle eut pour l'industrie et la culture humaine excède le petit nombre de déſordres; dont elle fut *l'occaſion* et non la *cauſe;* déſordres ausſi inſéparables du langage et de l'écriture, que de l'invention qu'on vient de citer en accuſation.

Je fais un pas de plus, et, plongeant dans l'avenir, j'oſe affirmer que jamais l'abus de l'imprimerie ne distillera dorénavant un poiſon ausſi terrible dans ſes réſultats. Du moins il dépendra des
gou-

gouvernemens modernes d'en neutralifer la vio-
lence.

Si je remonte à l'origine des abus de l'imprimerie dans notre fiècle, je trouve que fes dangers politiques naquirent des chaînes, qui tenaient autrefois les preffes afservies fous le double empire de
la fuperftition et du despotisme. Lorsque ces chaînes furent tout à coup rompues, femblable à un
resfort détendu la libre publication des penfées agit
avec une impétuofité effrayante fur tous les genres
d'opinions. Religion, Gouvernement, moeurs,
rien ne fut épargné, parce qu'on n'était pas accoû-
tumé à la faculté illimitée d'écrire à fon gré. *L'Angleterre* au XVIIe fiècle, et la *France* vers la fin
du XVIIIe font les garans de ce que j'avance. La
licence de la presfe ne devint là ausfi pernicieufe
que parce qu'on avait en une fois ôté les reftric-
tions, qui la gênaient quelques années auparavant.
Quand les esprits font habitués à être libres, l'é-
lan des opinions n'est plus à craindre.

La Nation *Anglaife*, depuis près de deux fiècles en posfesfion du privilège de publier les
écrits, fans autre restriction que celle qu'apportent
les lois pénales contre la calomnie en général, n'ap-
préhende pas que cet úfage bouleverfe la Monar-
chie; au contraire la libéralité de fon gouvernement l'agarantie de la tourmente révolutionaire des
derniers tems. Cette liberté a été le *palladium*
de fon indépendance: et, nulle part, la théo-
rie et l'application des principes de la fcience politique

que n'a atteint un auſſi haut degré de perfection.

Si dans la condition actuelle de quelques nations européennes il y a encore urgence de meſures répresſives, ce ſera à cauſe que chez elles les esprits n'auront pas été dirigés *peu à peu* vers l'ha-
bitude de penſer et d'écrire librement. Or, comme la fermentation moderne, qui fera toujours
époque dans l'histoire des peuples civiliſés, a déjà
rompu en partie les anciennes entraves, — déſor-
mais, pourvu qu'on ne veuille pas rétablir intem-
pestivement l'ancienne ſervitude, les presſes ne ſeront plus des tiſons d'anarchie.

Qu'on encourage par degrés et prudemment la
libre circulation des penſées, et on verra ſe disſi-
per la trop vive propenſion pour celles, qui ſont
contraires aux maximes reçues du gouvernement:
et, par une bonne législation, on préviendra les
attaques dirigées contre les moeurs.

Enviſagée comme point de droit, la liberté de la
presſe peut tout ausſi peu être contestée que la liberté de la parole, dès que l'exercice de ce droit
ne trouble pas celui d'un tiers. Enviſagée comme un moyen de perfectionnement indéfini pour l'a-
venir, la liberté de produire ſes ſentimens ſur tous
les points de ſciences et d'arts est un droit es-
ſentiel à nos ſociétés. En limiter l'uſage ſous prétexte d'empêcher les erreurs, c'est dans le fonds augmenter celles-ci. Aucune opinion, reconnue pour
vraie dans ce moment, qui ne puisſe être avec rai-
ſon

fon un fujet de doute ou de pitié chez nos fuccesfeurs. On arrête les progrès des lumières,
dès qu'on fupprime les discusfions contradictoi-
res.

Ceci est appuyé par une autre remarque. Il n'y
a nulle erreur qui n'aît une face lumineufe. Point
de paradoxe fi excentrique où la fcience ne décou-
vre une tendance favorable à fon développement.
Par contre l'expérience prouve qu'une idée confa-
crée par une longue fuite de générations, pasfant
par les mains de plufieurs panégyristes, s'altère et
fe corrompt. Des contradictions, quoi qu'injus-
tes dans le fond, la ramènent dans fes bornes, en
enlévent ce qu'il s'y trouvait d'exagéré; et, fi elle
est réellement falutaire pour l'humanité, en font
resfortir davantage le prix et les bienfaits.

L'affranchisfement des nègres est une mefure con-
feillée par la raifon, par le Christianisme, comme par
l'intérêt bien entendu des colonies; cependant, ordon-
née brusquement et non par degrés, il n'est point
de loi ausfi pernicieufe pour les esclaves comme pour
jes maîtres. Gouvernemens de *l'Europe!* n'allez
donc pas détruire, en une fois, le frein qui retenait la penfée chez les peuples foumis à votre autorité; mais, accoutumez-les par une fage progresfion de mefures libérales à faire un digne ufage
de cette libre publication de penfées; et elle établi-
ra chez eux une diffufion extenfive et intenfive de
lumières. Ayez de bonnes lois pour asfurer à chacun, la propriété de fa réputation et de fon bonheur.

Pro-

Prononcez des peines févères contre les calomniateurs, comme ausfi contre chaque auteur qui proftituerait fes talens à outrager les moeurs; — et vous aurez atteint la ligne de démarcation entre la *liberté* et la *licence* de la presfe. Vous ferez jusque chez la postérité la plus reculée les Bienfaiteurs des fciences et la caufe de leur développement (1)!

§. 4.

L'aspect d'une bibliothèque nombreufe atteste la multiplicité des travaux auxquels le génie humain fe livre; il s'y mêle cependant un fentiment de frayeur et une forte de reproche contre la typographie.

Depuis les trois fiècles qu'elle est en activité, elle a porté le nombre des livres à une fi effrayante quantité qu'il devient de plus en plus imposfible à la *mémoire* d'en connaître fimplement les titres, —

et

(1) L'objet, auquel ce Mémoire doit fe rapporter, ne m'obligeait nullement à un examen approfondi d'une question ausfi délicate que l'est celle de la *liberté de la presfe.* Je me fuis feulement hafardé à envifager l'influence de cette liberté du côté littéraire: encore, je reconnais n'avoir prononcé là-desfus qu'une opinion individuelle, pour laquelle je réclame l'indulgence de juges plus éclairés. — Cette grande question est traitée avec le foin qu'elle mérite dans les *Mémoires de l'Académie de Berlin*, de 1816. (*Abh. der Philofophifche Klasfe*) par F. Ancillon, *de la législation de la Presfe.*

et à *l'esprit* d'en parcourir les plus importans durant le cours d'une vie. L'histoire littéraire de chaque fcience acquiert journellement une étendue, qui nous fait craindre que les générations fuivantes ne fuccomberont fous le poids, et par l'impoffibilité n'y fuffire retomberont dans la barbarie. Une grande moitié de nos études fe paffe à comprendre la hauteur, à laquelle une connaiffance quelconque eft parvenue; et peu à peu il restera moins de tems pour en pouffer enfuite la culture. Ce fait eft conftant; mais, ne l'imputons pas entièrement à l'imprimerie et ne défespérons pas pour l'avenir!

L'impreffion a accéléré un état de chofes, qui, fans elle, aurait également eu lieu en *Europe*, fuppofé que cette partie de notre globe fut restée le centre de la civilifation : Alors, plus lentement et avec plus d'obftacles, on aurait pourtant obtenu, en dernier réfultat, la même multiplication de faits, d'obfervations et de découvertes, dont l'étude exige actuellement tant d'efforts.

D'ailleurs ce reproche concerne fimplement les fciences historiques. — Quant aux autres, on le fait affez, cette énorme maffe de productions littéraires eft due plutôt à l'immenfe diverfité des formes, qu'à la multiplicité des idées ou des découvertes nouvelles. On frappe monnoie avec l'or et l'argent, qui font en circulation; peu de perfonnes descendent dans la mine pour chercher de nouveaux filons. La redoutable collection, qu'une bibliothèque un peu nombreufe préfente, effraierait fait donc beaucoup moins l'esprit, fi on réunisfait fcrupuleufement les véritables élémens qui compofent les fciences, ët fi on retranchait ce qui n'eft dû qu'au ton et à la couleur du fiècle ainfi qu'au ftyle et au tour d'esprit individuel des auteurs. On concentrerait aifément *en peu de volumes* le produit complet des labeurs fcientifiques des fièclés qui nous précédèrent. Ainfi, pourquoi craindre qu'*à caufe de l'imprimérie*, l'esprit humain fera enfeveli fous les décombres de l'édifice qu'on continue d'élever? L'échaffaudage qui fert à le conftruire est fans doute immenfe, et (chacun l'avouera) trop compliqué; mais le temple même des fciences n'a pas. encore atteint une proportion, qui foit hors de la fphère de notre coup-d'oeil.

La grande difficulté qui retient le favant dans l'ordre actuel, c'est qu'il confond fouvent *l'échaffaudage* avec *l'édifice* : chacun veut lui faire accroire que fon livre porte une *pierre* nouvelle, tandis qu'il n'ajoute bien fouvent qu'une *planche inutile* aux nombreux appuis, fur lesquels les bons ouvriers continuent leur travail.

Un reproche asfez fondé dont la typographie ne faurait être complettement exempte, c'est d'avoir trop disféminé les élémens esfentiels, enforte qu'il est pénible de les réunir, ou de les retrouver au milieu de l'Océan de mots, dans lequel on les a délayés. Je propoferais comme un autre moyen tendant à prévenir dans la fuite le découragement ou la perte de quelques vues vraiment intéresfantes, dé

for-

former des affociations littéraires, dont le travail fe
bornerait à fouiller uniquement dans le paffé. Elles s'attacheraient chacune à quelque fubdivifion particulière des fciences actuelles : Elles en recherche-
raient l'histoire : Elles en étudieraient les progrès
précédens ; et pour peu qu'elles découvrisfent que
leur tâche entraînât des détails trop immenfes, elles en confieraient une portion à d'autres. Ces
fociétés ne feraient pas tenues de *publier* le produit
de leurs perquifitions, mais elles fe feraient un devoir de les communiquer aux favans qui fouhaiteraient favoir avec précifion le dégré de progrès auquel les fiècles antérieurs fe font élevés. De pareilles affociations , fans s'occuper d'inventer des fy-
ftèmes, ne recueilleraient que ce qui a été apperçu
autrefois : Elles vérifieraient les faits et les citations :
Elles compulferaient, traduiraient et affranchiraient
par-là l'homme de lettres d'une partie des études,
qui entravent dans ce moment l'élan de fon génie.

Je fens les objections qu'un tel plan rencontrera,
et les difficultés que fon exécution préfenterait. On en
préviendrait quelques unes en obligeant de telles réunions à une religieufe fidélité dans les extraits qu'elles feraient, ainfi qu'à une indication exacte des
fources, où elles auraient puifé. Il faudrait les placer auprès de quelques unes des grandes collections
littéraires de *l'Europe*, et permettre à tous ceux qui
fouhaiteraient connaître leurs opérations, d'être asfociés, fous certaines précautions à ces Académies
nou-

nouvelles , afin qu'elles ne dégénerassent jamais en asfociations mystérieuses (1).

§. 5.

Nous nous sommes occupés dans le § précèdent
des conféquences que l'imprimerie peut avoir pour
les *fciences*. On ne fe plaint pas moins des fuites
qu'elle a eues, et qu'elle aura à l'avenir pour les
arts qui tiennent à l'imagination. On lit trop : le
génie s'affaisfe fous l'érudition , dont on l'accable.
Chez les modernes, dit-on, le feu poétique des
anciens est comme éteint ; leur ftyle est dépouillé
de cette chaleur féconde , qui fait le charme des
productions du fiècle de P é r i c l è s et d'A u g u s t e.
Au lieu d'inventer quelque chofe de nouveau , nos
Orateurs , nos Poétes ne font que les échos de leurs
dévanciers. On ne parle et on n'écrit que de ce
qu'on a lu ; et infenfiblement la typographie aura
contribué à détruire l'originalité dans les formes
comme dans le fond des idées.

» L'étude nourrit le génie , prévient fes écarts et

» as-

(1) Je vois dans *le Journal des Savans , Fevrier* 1818 ,
p. 123, l'annonce d'une *Agence littéraire* érigée à *Paris*
à peu-près fur le même plan , et qui s'offre à fournir par
voie de confultation les recherches fcientifiques qu'on
lui demandera, et à faire dans les bibliothèques publiques et , autant qu'il est posfible , dans les bibliothèques
particulières , toute espèce de vérifications, recherches,
copies, extraits ou analyfe.

,, asfure fa marche; mais elle lui fait perdre quel-
,, que chofe de fa lumière propre et de fa couleur
,, originaire. Nous ne fommes plus nous-mêmes
,, tout entiers; et, à plus forte raifon, les vérités
,, et les beautés de nos livres font des reflets de
,, reflets. Le génie antique et le génie moderne
,, marchent pas à pas, à côté l'un de l'autre,
,, comme Alphée et Aréthufe, fans mêler leurs
,, eaux, mais le génie antique donne fa tein-
,, te au génie moderne. Nous ne favons presque
,, plus ce que ferait le génie feul fans maître, fans
,, guide, en préfence de la nature (1)."

L'inculpation n'est pas dénuée de fondement; la conféquence qu'on en infère l'est davantage.

Après la renaisfance des arts, on fe jetta, il est vrai, avec une avidité excesfive fur les ouvrages des Anciens: l'homme de lettres fe croyait un génie du premier ordre, dès qu'il avait achevé d'en dé-vorer la volumineufe collection. La facilité, qu'on avait d'en obtenir les exemplaires, nourrisfait asfu-rément cette erreur des érudits du XVI$_e$ et XVII$_e$ fiècles; avouons, cependant, qu'au lieu de gagner du terrain, une pareille illufion est devenue beau-coup moins générale, enforte qu'il n'y a pas lieu de craindre, qu'à l'avenir l'effet de l'imprimerie

ten-

______

(1) F. Ancillon, *Développemens du mol humain,* inférés dans fes *Nouveaux esfais philofophiques,* T. 2. P. 239.

tende à étouffer complétement l'imagination. La prompte disfémination des auteurs Grecs et Latins a pu favorifer une érudition lourde, qui paralyfait le fentiment du béau, et corrompait le goût; on est revenu de cette idolâtrie; elle a fait place à un culte plus raifonnable, et on ne faurait dire que de nos jours, (où l'activité des presfes est le double de ce qu'elle était au XVIᵉ et XVIIᵉ fiècles) l'originalité foit diminuée dans la même proportion.

Toutefois, j'en infère un dernier corollaire; il s'agit d'indiquer à la jeunesfe les livres comme un *moyen* et non comme le *but* de leur inftruction. Etudions nos prédécesfeurs plutôt comme des guides que comme des exemples. Désabufons ceux qui croient avoir atteint un mérite transcendant, quand leur téte est deveune une bibliothèque vivante! Confultons les morts afin de juger fur ce qu'il faut achever après eux, mais, puisque leur ouvrage a été interrompu, il ne fuffit pas de le connaître, il faut le continuer ou choifir un autre et meilleur chemin.

§. 6.

Conclufion.

A l'aide du petit nombre de précautions qu'on vient d'articuler, il y aura donc encore lieu d'attendre à l'avenir de grands et d'heureux effets de la typographie.

Quant aux peuples *jusqu'ici non civilifés*, il

fau-

faudra leur communiquer cette invention, dès que leur d'éveloppement intellectuel aura acquis un certain degré d'élévation. L'activité des presses y hâtera des progrès et une diffusion de connaisfances, que des fiècles entiers auraient peine à produire avec la feule inftruction orale.

Quant aux autres nations il est permis de préfager que cet art continuera d'être *un lien d'union* entre les hommes éclairés de chaque pays. C'est une chimère de prétendre introduire une parfaite égalité d'opinions politiques et religieufes chez les hommes : Cependant, l'accomplisfement de ce rêve philanthropique doit nous tenir à coeur; et, s'il ne peut être réalifé complétement, il est néanmoins honorable pour l'humanité de s'efforcer à approcher de cette unité ravisfante de fentimens et de connaisfances. Or, quel respect ne mérite donc pas l'art qui nous met en contact avec les plus grands Génies de notre tems, fait circuler les penfées du Nord au Midi, et a pacifié par la généralifation de tant d'idées libérales une foule de disfensions dans les arts, les fciences et la religion (1).

Je distingue encore dans ce moyen *une fauvegarde contre le retour complet de la barbarie.* Des catastrophes politiques et morales peuvent nous en menacer; et la remarque d'un Philofophe moderne

(1) Voyez le beau voeu, qui termine le poëme de Herm. Bofcha, *de Typographiae laude Kostero potenter tantum asferta*, 1815.

ne (1) n'est que trop vraie : La civilifation du genre humain tourne autour des lumières, comme autour d'un Soleil; elle a fes *périhélies* et fes *aphé-
lies*. — Cependant dans l'imprimerie on a acquis
le fecrèt de prolonger la *périhélie* actuelle, et d'empêcher que l'aphélie puisfe jamais priver l'espèce humaine de quelque portion esfentielle de connaisfances.
Désormais elles font trop bien disféminées fur notre globe, pour qu'elles ne puisfent être toujours re-
trouvées par la postérité.

Figurez-vous *l'Europe* entière engloutie ! Les
fciences humaines feront elles précipitées du haut
rang qu'elles occupaient, et faudra-t-il que notre espèce retrograde, comme lors de l'irruption des barbares après la destruction de l'empire Romain ? —
Non, les Chefs-d'oeuvres de *Rome* et d'*Athénes*, et
le fruit des obfervations fcientifiques de leurs fuccesfeurs recueillies depuis environ dix fiècles, — ne
feront pas enlevés aux habitans civilifés des autres
parties du monde. Les produits de l'industrie Européenne ont partout des refuges. Si une nouvelle civilifation dans *l'Amérique* ou autre part s'ap-
prête à effacer la nôtre, elle partira du point où
nous la laisfâmes ; elle ne reconftruira pas à nouveaux frais, comme nos ancêtres, lors de la renaisfance des lettres.

Ofons

____

(2) **Hemfterhuis,** *Lettre fur l'homme et fes rap-
ports*, Oeuvres philofoph. T. I. p. 248.

I 4

Ofons ainfi nous promettre une progreffion indéfinie, et respectons dès-lors dans cet art une invention, qui, étant toujours exercée chez la postérité, y fecondera le maintien de ce que nous avons
vu, dès l'entrée de ce Mémoire, conftituer la plus
belle des prérogatives du genre humain !

ADDITIONS.

A la page 9. J'ai exprimé ma furprife de ce que
la découverte de l'imprimerie n'aît pas eu lieu avant
l'époque du XVe fiècle. L'étonnement augmente,
quand on s'apperçoit que l'art de la gravure en bois était
déjà avant ce tems pouffé à un fi haut point de perfection qu'il y a des manufcrits dont les caractères
furent coloriés au moyen de formes de bois imprimées
à la main. Le fameux manufcrit d'Ulphilas,
connu fons le nom de *Codex argenteus*, n'a été ni
écrit, ni gravé, ni peint au pinceau. On y a appliqué le métal au moyen de poinçons, fur lesquels
les caractères étaient gravés. C'est là ce que prou-
vent l'égalité parfaite des lettres, et les angles faillans
lans qui fe préfentent dans les espaces blancs. Mr.
Ihre a fait vérifier ces obfervations par des témoins et en parle comme d'un fait incontestable
dans fon Ulphilas *illustratus* réimprimé fous le
titre : Joannis ab Ihre, *fcripta verfionem Ulphi-
lanam et linguam Moefo-Gothicam illustrantia ab
ipfo doctisfimo auctore emendata, jam verò ob ra-
ritatem collecta et edita ab* A. T. Busfching,
Be-

Berolini 1773. 4to. — Le manuscrit d'Ulphilas date du VIᵉ siècle.

A la page 18. Sur l'autorité de Visfer (réimp. par Janssen, *Hist. de l'orig. de l'imprimerie*) j'ai indiqué le livre publié par Hidde Camminga, *Leges frisiorum*, fous la date de 1480. Cette date est *manufcrite* dans l'exemplaire que Visfer a vu. Il asfure qu'il n'en existe que deux exemplaires. J'ai dans ce moment devant moi celui que Visfer parait ne pas avoir examiné, et dont la date doit fortement intéresfer tous les Bibliographes. Le titre écrit de la main du célèbre historiographe de la Frife, Simon Abbes Gabbema, porte ce qui fuit; H. et Rjuechtboeck *fen alre fryja Freezena Freeska Landrjuecht droekt in 't Kleeaster, by Jr. Hidde fen Camminga Parochyaan, eerst to Dokkum, ieda to Aanjum, goeltjes om it* 1460 *jier;* in 't eerst opkommen fen de Droekkeryjen.

Cette date de 1460 fe trouve confirmée par l'extrait d'une Chronique copié à la fuite de ce titre, de la main de Gabbema. Nous ajoutons ici cet extrait dans fon entier.

BOETHIUS AB HOLDINGA,
De origine, antiquitate et fitu totius Phryfiac
Lib. II. MSᵗᵒ.

CIƆCCCCLX. „Caeterum D. Hiddo a Camminga, vir nobilis olim apud Documatos et posteà apud Anjumados parochus, fub idem fere tempus eundem libellum, ex quo hanc Phryfiae divifionem mutuati fumus, fuis praelis excufum in lucem edidit, licet

no

nomen fuum, ut Typographi, illic non addiderit,
cujusmodi paſſim adhuc apud non paucos noſtra-
tium extant. Habemus et alium libellum ejusdem
argumenti manu cujusdam nobilis Viri Hidzonis
Wniae ſcriptum anno CIƆCCCCLXXV, ità ut non
multum diverſae aetatis fuerit cujus et impreſſus,
qui praedictam diviſionem ut veracem testatur et
(NB) indicat. etc."

Ce livre apporterait donc une nouvelle refutation
à l'objection alléguée contre le ſyſtême de Mr. Koning, ci-desſus p. 18.

L'exemplaire que je viens de citer ſe trouve dans
la bibliothèque de Mr. le Baron Thoe Schwart-
zenberg et Hohenlansberg Grietman de
Menaldumadeel et Chambellan de S. M. le Roi des
Pays-Bas.

A la page 99. Le Libraire Bensley de *Londres*
a inventé un procédé qui augmente de beaucoup la
rapidité des opérations typographiques. Sa preſſe
imprime les deux côtés d'une feuille en même tems,
et produit en *une* heure de tems 900 copies, ou
18 à 24 fois plus qu'une imprimerie ordinaire, où
l'on n'achève dans l'espace d'une heure tout au
plus que 100 feuilles, même communément 75,
et cela ſeulement imprimées d'un côté Le premier ouvrage ſorti des presſes de Bensley est:
the Inſtitutions of Phyſiology by J. T. Blumen-
bach, *translated from the third ed. and ſupplied
by* J. Elliotſon, 2² edit. 8vo. Voyez en la relation dans les *Annales littéraires de Gottingue*,
1818, p. 1713, No. 172.

FAUTES à CORRIGER.

Pag. 7 *ligne* 16 de la note Bat. *lif.* Lugd. Bat.
— 10 —— avant dern. Fûugtao *lif.* Fûngtao.
— ib. —— 28 Ginsfleisch *lif.* Gensfleisch
— 17 —— dern. Il à *lif.* il a
— ib. —— 3 d'en bas. T. I. p. N. 7. *lif.* T. I. p.
    454 N. 3 et 7.
— 20 —— 3 d'en bas. la depuis 1376 faifait de tran-
    fcription *lif.* depuis 1376 faifait de la tran-
    fcription
— 21 —— 21 800 de pages *lif.* de 800 pages
— 22 —— dern. *Vaderl. Mengelw.* lif. *Gefchied. en*
    Letterk. Mengelw.
— 24 —— 12 1465. *lif.* 1465
— ib. note (2) Panzer *Annal.*, T. p. *lif.* Panzer
    Annal. T. II. p.
— 32 *ligne* 13 libraire *lif.* librairie
— 39 note (2) T. 2. p. 186 *lif.* T. 2. p. 126.
— 42 note (1) T. IV. *lif.* T. VI.
— 47 note (2) p. 157 *lif.* p. 1 § 7.
— 48 note (2) p. 95 *lif.* p. 27.
— 49 note (1) Pedit-Radel *lif.* Il y combat Pe-
    tit Radel.
— 56 note (2) Il mourut en 1820 *lif.* Il mourut en
    1528.
— 58 note (1) (Roben) *lif.* (Robert)
— ib. note (2) Stephanns *lif.* Stephanus
— 61 *ligne* 4 reudu *lif.* rendu.
— 84 —— 5 d'énbas pace *lif.* parce
— 92 —— avant dern. ilelttrés *lif.* illettrés
— 99 —— 3 d'enbas total *lif.* totale

OVER DEN

VOORTGANG EN DE VERBREIDING DER BOEKDRUKKUNST IN DE VIJFTIENDE EN ZESTIENDE EEUW

VAN

G. H. M DELPRAT,

Predikant bij de Waalsche Gemeente te Leeuwarden.

———※———

EENE

PRIJSVERHANDELING

Ter Beantwoording der Vraag:
Geschiedkundig overzigt van den voortgang en
de verbreiding der Boekdrukkunst in de vijftiende
en zestiende eeuw; en beantwoording der vraag:
„ welken invloed heeft die kunst gehad, en kan de-
„ zelve nog hebben, op de verlichting van het
„ menschdom."

UITGEGEVEN

DOOR HET PROVINCIAAL

UTRECHTSCHE GENOOTSCHAP

VAN

KUNSTEN EN WETENSCHAPPEN,

Aan welke
Op de algemeene Vergadering van 26 Junij 1819
de Gouden Eerprijs is toegewezen.

———※———

TE UTRECHT,

BIJ JOHANNES ALTHEER,

Drukker van het Genootschap.

1820.

www.ingramcontent.com/pod-product-compliance
Ingram Content Group UK Ltd.
Pitfield, Milton Keynes, MK11 3LW, UK
UKHW022233120726
13694UKWH00002B/823